现代学前教育专业
职业能力培养

王丽萍◎著

重庆出版集团 重庆出版社

图书在版编目(CIP)数据

现代学前教育专业职业能力培养/王丽萍著. —重庆:重庆出版社,2022.9
ISBN 978-7-229-17079-0

Ⅰ.①现… Ⅱ.①王… Ⅲ.①学前教育—人才培养—研究 Ⅳ.①G61

中国版本图书馆CIP数据核字(2022)第155616号

现代学前教育专业职业能力培养
XIANDAI XUEQIAN JIAOYU ZHUANYE ZHIYE NENGLI PEIYANG
王丽萍 著

责任编辑:钟丽娟
责任校对:李小君
封面设计:白白古拉其

重庆出版集团 出版
重庆出版社

重庆市南岸区南滨路162号1幢 邮编:400061 http://www.cqph.com
北京四海锦诚印刷技术有限公司印刷
重庆出版集团图书发行有限公司发行
E-MAIL:fxchu@cqph.com 邮购电话:023-61520646
全国新华书店经销

开本:787mm×1092mm 1/16 印张:10.5 字数:220千
2023年5月第1版 2023年5月第1次印刷
ISBN 978-7-229-17079-0
定价:58.00元

如有印装质量问题,请向本集团图书发行有限公司调换:023-61520678

版权所有 侵权必究

前言

随着我国居民对子女教育越来越重视，学前教育已经成为当前家庭中非常重要的教育环节。学前教育是人的启蒙教育阶段，是一个人终身学习的奠基石，学前教育是学校教育的开端，反映着学校教育的发展状况。从我国教育改革来看，学前教育对我国社会主义事业发展具有重要影响。

鉴于此，笔者撰写了《现代学前教育专业职业能力培养》一书，全书在内容编排上共设置六章：第一章作为本书论述的基础和前提，主要阐释学前教育内涵、学前教育的理论、学前教育的教育方式、学前教育的新观念与新趋势；第二章是学前教育专业发展与课程设计，内容包括学前教育专业及其发展理念、学前教育中幼儿园课程分析、学前教育中的课题选择与设计；第三、四章分析学前教育专业学生职业能力培养、学前教育专业幼儿园教师职业能力培养；第五章基于多元背景下的学前教育专业的融合，论述新文科背景下的1+X课证岗能融合体系、现代职业教育产教融合的育人模式、学前教育专业对口招生的培养策略、教师资格证考试背景下的学前教育学课证融合；第六章突出实践性，对学前教育专业职业能力培养的实践进行研究。

全书力求达到理论与实践相结合，探究培养学前教育专业学生职业能力的模式和策略，以期能为激活幼儿教育活力，推动学前教育发展，指导学生职业发展提供切实可行的方案。

笔者在撰写本书的过程中，得到了许多专家学者的帮助和指导，在此表示诚挚的谢意。由于笔者水平有限，加之时间仓促，书中所涉及的内容难免有疏漏之处，希望各位读者多提宝贵意见，以便笔者进一步修改，使之更加完善。

目 录

- 第一章　学前教育概论 ··· 1
  - 第一节　学前教育内涵界定 ·· 1
  - 第二节　学前教育的理论审视 ·· 7
  - 第三节　学前教育的方式 ·· 16
  - 第四节　学前教育的新观念与新趋势 ··· 22

- 第二章　学前教育专业发展与课程设计 ··· 27
  - 第一节　学前教育专业及其发展理念 ··· 27
  - 第二节　学前教育中幼儿园课程分析 ··· 34
  - 第三节　学前教育中的课题选择与设计 ··· 42

- 第三章　学前教育专业学生职业能力培养 ··· 48
  - 第一节　学前教育专业学生职业能力培养的意义 ······························· 48
  - 第二节　学前教育专业学生职业能力培养的构成要素 ······················· 49
  - 第三节　学前教育专业学生职业能力培养的方法与途径 ···················· 54

- 第四章　学前教育专业幼儿园教师职业能力培养 ·································· 62
  - 第一节　幼儿园教师教育教学能力培养 ··· 62
  - 第二节　幼儿园教师艺术创作能力培养 ··· 73
  - 第三节　幼儿园教师语言表达能力培养 ··· 87
  - 第四节　幼儿园教师专业成长能力培养 ··· 91
  - 第五节　幼儿园教师健康教育胜任力培养 ·· 100

第五章 基于多元背景下的学前教育专业的融合 ……… 103

第一节 新文科背景下的1+X课证岗能融合体系 ……… 103
第二节 现代职业教育产教融合的育人模式 ……… 108
第三节 学前教育专业对口单招生的培养策略 ……… 114
第四节 教师资格证考试背景下的学前教育学课证融合 ……… 118

第六章 学前教育专业职业能力培养的实践研究 ……… 126

第一节 学前教育专业学生手工应用能力的培养实践 ……… 126
第二节 幼儿园教师"校园"双主体培养的实践探索 ……… 133
第三节 家园共育促进学前儿童社会性发展的研究 ……… 137
第四节 现代学前教育专业导师制高素质人才培养模式 ……… 149
第五节 以职业能力培养为导向的学前教育专业培养实践 ……… 151

参考文献 ……… 158

第一章 学前教育概论

第一节 学前教育内涵界定

一、学前教育的含义与目的

学前教育就是由家长及幼师利用各种方法、实物为开发学前儿童的智力，使他们更加聪明，有系统、有计划而且科学地对他们的大脑进行各种刺激，使大脑各部位的功能逐渐完善而进行的教育。

学前教育的目的是"让孩童形成正确的道德观，学习对和错，形成初步判断对与错的能力；对外部世界和所处环境进行初步认知和探索（学习探索、试验和观察）；学会简单与社会交往（学习聆听、分享和合作）；形成健康情绪，让他们经常进行正面的情绪体验（建立自信，学习与同伴和家人沟通）；获得健康的体魄（通过活动锻炼身体）"[1]。

二、教育的本质与要素

教育有广义和狭义之分。所谓广义的教育，泛指所有能增长人的知识和技能、影响人的思想品德、提高人的认识能力、增强人的体质、完善人的个性的一切活动，这里的教育包括了家庭教育、社会教育和学校教育；狭义的教育，即学校教育，是教育者根据社会发展的需要，在特定场所，有目的、有计划、有组织地对受教育者的身心施加影响，使他们的身心朝着社会期望的方向发展的过程。学校教育由专业的教师承担，教育的目的性、计划性、组织性、系统性很强，是一种可控性很强的、规范的教育形式。因此，与家庭教育

---

[1] 苏卫涛. 高职学前教育专业学生职业核心能力培养研究 [M]. 长春：东北师范大学出版社，2016：4.

相比，一般而言，学校教育的环境和效果更好些。

（一）教育的本质

教育是一种社会现象，它产生于社会生活的需要，而归根到底产生于生产劳动。人们在一定的社会联系和社会关系中，形成了一定的社会秩序、社会意识和社会生活习惯，并积累了社会生活经验。年老一代为了维持和延续人们的社会生活，就必须把积累起来的生产劳动经验和社会生活经验传授给新生一代，使新生一代能更好地参与生产劳动和现存的社会生活；同时，新生个体从一个懦弱无知的初生婴儿成长为社会生活的一员，即从一个生物实体的人转化为一个社会实体的人，也需要成年人的抚育与培养，这样，便产生了教育。所以，教育是培养人的一种社会活动，它的社会职能，就是传递生产经验和社会经验，促进新生一代的成长。从本质属性来看，教育是一种有目的地培养人的社会活动，它的目的在于影响和促进人的发展，培养人的实践意识和实践能力。因此，教育是人类社会特有的一种社会性活动，并且，教育活动是一种特殊的社会性活动。

（二）教育的要素

教育活动是多种多样的，但都共同存在着构成教育活动必不可少的最基本的要素，即教育者、教育中介系统和受教育者。

第一，教育者。教育者是指直接对求教者的素质发展起影响作用的人，包括学校的教师、管理人员、兼职教师、家庭教师、家长等。其中学校教师是教育者的主体和代表。教育过程是教育者有目的的活动过程。教育者不仅是教育实践活动的一个基本要素，而且是教育实践活动的主体，他把受教育者作为"教"的对象，以教育影响为手段，把引导和促进受教育者身心的发展作为活动目的，力求使自己"教"的对象的身心发展合乎社会要求的变化。因此，教育者作为教育活动中人的因素，是教育实践活动的主体，更确切地说是"教"的主体。

第二，教育中介系统。教育中介系统是教育者与受教育者联系与互动的纽带，是开展教育活动的内容和方式。教育内容是教育者用来作用于受教育者的影响物，它是根据教育目的，进行挑选和加工，是最有教育价值和适合受教育者身心发展水平的人类科学文化成果的结晶，不仅体现在课程、教科书、教学参考书和其他形式的信息载体（如电视、电影、报刊等）中，还体现在经过选择和布置的具有教育作用的环境（如教室、阅览室、校园等）中。此外，教育者在与受教育者的交往互动中，教育者自身所拥有的知识、经验、言谈举止、思想品质和工作作风也影响着受教育者的身心发展，也是重要的教育影响因素和受教育者学习的重要对象。教育活动都是以一定的方式展开的，这些教育活动内容和方式统称为教育中介系统。

第三，受教育者。在广义的教育中，所有为提高自身素质而处于学习状态的人都是受教育者；在狭义的教育中，受教育者特指教师"教"的对象——学生。随着终身教育（Lifelong Education）和全民教育（Education for All）的施行，教育对象的范围已经扩展到一个人从生命形成（胎教）到死亡的整个一生和全社会不分种族、性别、民族和阶级的所有人。其中学校里的学生是受教育者的主体和代表。在教育过程中，受教育者首先作为教育的对象存在于教育活动的要素之中。受教育者是教育的对象，同时，受教育者也是学习的主体，这主要体现在三个方面：其一，受教育者作为一个独立个体的人，他们有自己的主动性、选择性、需要性和意志性，他们可以依靠自己独立思考主导自己的行为；其二，受教育者在学习人类优秀文化遗产的同时，除了继承、吸取以外，还有重组、创新、开拓的能力；其三，受教育者在学习过程中，不但受智力因素的制约，也受非智力因素的影响。这两种因素都制约着受教育者教育活动的进行速度、效益和质量。

教育的三个基本要素是相互联系的，其中，教育者是主导性的，他是教育活动的组织者和领导者，他根据教育目标，采用适当的教育内容，选择一定的教育活动方式，创设必要的教育环境，调控着受教育者和整个教育过程，从而促进受教育者的身心发展，使其达到预期的目的。需要指出的是，教育的基本要素只是一种对教育活动的过程结构的抽象分析与概括，这些要素本身及其相互关系是随着历史条件和现实选择的变化而变化的。

三、学前教育的对象与形式

学前教育也有广义和狭义两种理解。广义的学前教育是指对从出生到入小学前儿童的教育，即凡事能够影响婴幼儿的身体成长和认知、情感、性格、心理等各方面发展的活动，比如，幼儿在家看图书、帮父母做家务劳动，或者随成人去旅游、参观、看电影、参加社会活动等，都是学前教育。而狭义的学前教育则指学前教育工作者整合儿童周围的资源，对0~6岁年龄阶段的儿童施以有目的、有计划、有系统的影响活动。

（一）学前教育的对象

关于学前教育实施对象的年龄范围，在不同的国家有不同的看法。例如，在美国，学前教育是指对从出生到8岁儿童所实施的教育。苏联在20世纪60年代前，将学前儿童的年龄分为先学前期（0~3岁）和学前期（3~7岁）。

在我国，由于婴幼儿（即0~6岁儿童）都是进入小学以前的儿童，因此，对0~6岁年龄阶段的婴幼儿所实施的教育统称为学前教育。学前教育是人生早期阶段的教育,所以,婴幼儿教育又叫作"早期教育"。幼儿教育是指对 3~6 岁年龄阶段的幼儿所实施的教育,是与婴儿教育(0~3 岁即为婴儿的教育)相对而言的一个概念。[①]

(二)学前教育的形式

向 0~6 岁婴幼儿实施的教育有两种主要形式:一种是由父母或其他养护者在家庭中进行,称为学前家庭教育;另一种是在家庭以外由社会组织进行,称为学前社会教育。学前家庭教育与学前社会教育是学前教育的主要社会实践形式。

(1)学前家庭教育。家庭教育一般是指在家庭中由父母或其他年长者对其下一代进行的教育。家庭是人一生中最早接触而生活时间又最长的社会场所,是幼儿出生以后第一个重要的生活与学习的环境。在历史上,家庭教育曾经是幼儿教育的主要实施形式。另外,儿童年龄越小,家庭教育对他们身心发展的影响越大。学前家庭教育一般具有早期性、随意性、随机性、长久性、单独性、感染性、及时性等特点。

(2)学前社会教育。为学龄前儿童开设的集体保育教育机构及其设施,称为学前社会教育。其中,幼儿教育是学前社会教育的主要组成部分。幼儿园教育是由幼儿园承担的、由专职幼儿教育工作者根据社会的要求和幼儿身心发展特点,对在园幼儿实施的有目的、有计划、有组织的,以促进其身心全面发展的社会教育。幼儿园教育在我国是归属于学校教育系统的。和学校教育相同,幼儿园教育具有家庭、社会所不及的优点,如群体性(面向众多儿童而非单个个体)、目标性(有明确培养目标)、计划性(教育的实施是有计划、有步骤地进行)、专业性(有专门的具有专业素质的幼儿教师)和系统性、多样性等特点。

四、学前教育的任务与原则

(一)学前教育的任务

根据统一的教育目的,结合学前儿童身心发展水平而提出的具体目标和要求,实行保育与教育相结合的原则,对幼儿实施体、智、德、美诸方面全面发展的教育,促进其身心和谐发展。具体内容如下:

(1)让儿童独立地、主动地成长。

(2)发展自我控制、自我训练及自我指导的能力,而不是只受成人的控制。

[①] 柳阳辉. 学前教育学教程 [M]. 上海:复旦大学出版社,2015:3—4.

（3）学习从自我中心的情感到能够给予、分享及接纳情感，在新的环境中感到安全和被抚爱。

（4）学习与别人交往的技能，并获得快乐的、积极的体验。

（5）使男女儿童同等地发展个性与才能。

（6）初步认识自己的身体，能注意到健康、卫生和营养。

（7）发展与练习大肌肉动作与小肌肉动作。

（8）初步认识及支配周围环境，鼓励儿童的好奇心、思考和推理能力的发展，鼓励儿童积累和运用知识。

（9）发展语言，学习新的词汇，并能理解别人的语言。

（10）发展对周围环境的积极情感，发展积极的自我意识和自信心。

（二）学前教育的原则

学前教育的原则主要有以下方面：

（1）从胎教开始的适应各年龄发展和个体发展的教育。

（2）促进学前儿童体、智、德、美的良好发展与个性的健康发展。

（3）成人对学前儿童的照顾与教育相结合。

（4）以兴趣诱发，在游戏中成长。

（5）创设适宜的环境，发挥其教育的功能。

五、学前教育的重要性分析

学前教育在世界范围内受到了普遍关注，许多发达国家积极采取措施，优先发展学前教育，在普及学前教育与提高学前教育的质量上做了较多的投入，大力推进素质教育，本书旨在结合大量国内外儿童早期发展和教育的研究，以心理发展研究和脑科学研究为依据，论证、阐述学前教育的重要性。

1. 学前教育对人认知发展的重要性

学前期是人的认知发展最为迅速、最重要的时期，在人一生认识能力的发展中具有十分重要的奠基性作用。在关键期内，个体对于某些知识经验的学习或行为的形成比较容易，如果错过这一时期，在较晚的阶段再来弥补则是很困难的，有时甚至是不可能的。

一方面，处于学前期的儿童虽然发展变化迅速，具有巨大的学习潜力，但是这种发展特点只是说明了婴幼儿具有很大的发展"可能性"。要将这种发展的可能性变为现实性，需要成人提供适宜于儿童发展的良好环境，尤其是良好的教育影响。已有研究证明，早期教育对于儿童认知发展具有重要影响。单调、贫乏的环境刺激和适宜的学前教育的缺乏，会造成儿童认知方面的落后，而为儿童提供丰富的感性经验并给以积极的引导、帮助和教育，则能够促进其认知的发展。另一方面，学前教育的质量还直接关系到儿童能否形成正确的学习态度、良好的学习习惯和强烈的学习动机，从而对个体的认知发展和终身学习产生重大影响。适宜的、遵循儿童身心发展规律的学前教育能够积极地促进儿童各种智力和非智力因素，包括语言能力、思维力、想象力、创造性、学习动机、求知欲、自我效能感等的发展；不适宜的学前教育如单纯对儿童进行机械的学业知识和技能的训练，不但会损害儿童的学习兴趣、学习积极性和内在的学习动机，降低其自我效能感，而且会使儿童逐渐失去独立思考的能力和创新精神，从而对儿童的认知发展产生长远的消极影响。

2. 学前教育对教育事业与社会的重要性

学前教育不仅对个体的身心发展较为重要，而且对教育事业的发展、家庭的幸福和社会的稳定与进步也具有重要作用。

学前教育作为我国学制的第一阶段、基础教育的有机组成部分，必然对我国教育事业的整体发展，尤其是基础教育的发展具有重要作用与影响。通过帮助幼儿做好上小学的准备（包括社会适应、学习适应、身体素质以及良好的学习与行为习惯、态度和能力等方面准备），学前教育有助于儿童顺利地适应小学的学习和生活。我国教育部和联合国儿童基金会历时5年合作进行的"幼小衔接研究"，通过对儿童入学前半年和入学后半年的连续实验研究发现，对学前儿童做好入学前准备，包括学习适应方面的准备（如培养幼儿小学学习所需要的抽象思维能力、观察能力、对言语指示的理解能力和读写算所需要的基本技能等）以及社会适应方面的准备（如培养幼儿任务意识与完成任务的能力、规则意识与遵守规则的能力、独立意识与独立完成任务的能力以及主动性、人际交往能力等），能够使儿童入小学后在身体、情感、社会适应和学习适应等方面都有良好的发展，从而顺利地实现由学前向小学的过渡。我国已将普及九年制义务教育作为教育事业发展的重要目标，学前教育则可为有效提高义务教育的质量与效益，促进这一目标的实现作出积极的贡献。

3. 学前教育对儿童身心全面发展的重要性

以下选取与儿童身心全面发展相关的两个重要方面进行探讨：

（1）学前教育对儿童认知发展的重要性。儿童的部分生理机能在学前教育阶段开始进入其发展的萌芽或者关键期，其中最重要的是认知能力的发展。皮亚杰的发生认知理论认为，人的智力—心理发展具有阶段性。儿童2岁以前处于"感觉运动阶段"，首先获得动作的逻辑，并逐渐形成事物之间的次序、空间维度、事物的恒在性、因果性等认知；其次，在2~7岁之间的"前运算阶段"，儿童将动作概念化，开始语言和符号思维，在这一时期对儿童的发展状况具有持续性影响，其影响决定了儿童在日后社会性、人格发展的方向和水平。可见，人的智力发展在一生中表现不同的发展速度，先快后慢这一事实告诉我们早期智力开发是非常关键的。学前期的教育在人的一生中占据了重要地位，因此，必须抓住这一关键时期，给儿童良好的教育，促进其顺利发展。

（2）学前教育对儿童社会性、人格品质发展的重要性。社会性、人格品质是个体素质的核心组成部分，它是通过社会化的过程逐步形成与发展的。学前期是个体社会化的起始阶段和关键时期，在后天环境与教育的影响下，在与周围人相互作用的过程中，婴幼儿逐渐形成和发展着最初也是最基本的对人、事、物的情感、态度，奠定行为、性格、人格的基础。埃里克森的阶段发展学说认为在人的发展中，逐渐形成自我的过程，在个人及周围环境的交互作用中起着主导和整合作用。每一部分或每一阶段都属于整个周期的阶段，每个阶段都有特殊期，只有这些阶段都产生后，才使完整的人格组合形成。此外，6岁前是人的态度、性格、习惯、情感雏形等基本形成的时期，是儿童养成礼貌、友爱、帮助、分享、谦让、合作、责任感、活泼开朗等良好社会性行为和人格品质的重要时期，这也是学前教育追求的为了儿童的幸福、一切为了儿童的幸福，把儿童培养成全面和谐发展的人的目标。

加强早期儿童教育，为每一个儿童创造接受高质量学前教育的机会，正成为世界各国教育改革与发展的一个重要方面。我国也必须放眼未来，从新世纪国际社会政治经济的新格局和我国现代化建设需要的高度来思考学前教育的发展问题，使我国的学前教育真正从教育舞台的边缘走向中心。

第二节 学前教育的理论审视

一、我国学前教育的理论

中国古代的学前教育思想起源很早，有悠久的历史。"幼吾幼，以及人之幼"是我们民族的古训，重视学前教育是我们民族的优良传统。在我国古代早就有一些思想家总结了胎教和儿童出生后家庭教育的实践经验，提出了宝贵的儿童教育思想。战国时期，人们开始从母爱和家庭教育的角度认识慈幼的含义，关于慈幼已形成一种较为普遍的认识，即"有教为爱"。

此外，20世纪初期，福禄培尔、蒙台梭利的学前教育思想以及杜威的教育思想相继传入我国，对我国幼稚园的建立产生一定的影响。随着我国幼稚园的发展和学前教育理论的积累，一些教育家开始致力于研究与创立适合我国国情的学前教育理论，著名的教育家有陈鹤琴、陶行知、张雪门等。其中陈鹤琴的《儿童心理之研究》《家庭教育》《活教育理论与实施》，以及与陶行知、张宗麟合著的《幼稚园教育论文集》，还有张雪门的《幼稚园教育概论》《新幼稚教育》《幼稚园课程》《幼稚园的研究》《幼稚园组织法》等，都对丰富学前教育理论，建立我国的学前教育学作出了重要贡献。以下探讨我国学前教育思想家陈鹤琴与陶行知的教育思想。

（一）陶行知的"生活教育"理论

陶行知（1891—1946）是我国人民教育家。陶行知高度评价学前教育的社会价值，并向社会宣传学前教育的重要性。"学前教育实为人生之基础""是根本之根本""幼稚教育也应当普及"。在他的领导下，以张宗麟、徐世碧、王荆璞为基干，于1927年11月在南京郊区创办了我国第一所乡村幼稚园——燕子矶幼稚园，他提出幼稚园应该实施和谐的生活教育，反对束缚儿童个性的传统教学法，认为教育要启发、解放儿童的创造力，为他们提供手脑并用的条件和机会。在具体教学中，要解放孩子的头脑、双手、脚、空间、时间，使他们得到充分自由的生活，从自由的生活中得到真正的教育。他还创建了乡村学前师范教育、农村幼教研究会等，并提出通过"艺友制"，解决幼教师资的培养问题。

针对当时国内学前教育的三大病：外国病、花钱病、富贵病，陶行知提出要把外国的幼稚园改成中国的幼稚园，把费钱的幼稚园改成省钱的幼稚园，把富贵的幼稚园改成平民的幼稚园。因此，他提出了生活教育的三大主张——"生活即教育""社会即学校""教学做合一"。

（1）生活即教育。"生活即教育"的主旨包括：生活决定教育，有怎样的生活便有与之相应的教育，教育是供人生需要、为了生活向前向上的需要，只有在生活中求得的教育才是真正的教育，教育与生活经历同一个过程，教育离不开生活，生活离不开教育。他坚决反对"没有生活做中心"的死教育、死学校、死书本。

（2）社会即学校。陶行知主张学校教育的范围不在书本，而应扩大到大自然、大社会和群众生活中去，向大自然、大社会和群众学习，使学校教育和改造自然、改造社会紧密相连，形成真正的教育。陶行知的"社会即学校"的基本主张是：要让社会的每一个角落、每一个地方、每一个生活单位都担负起学校的职能，把整个社会作为一个大学校。同时，学校必须突破围墙之限，要与整个社会联系起来，实行开放式办学，这样才能充分发挥教育的作用。

(3)教学做合一。"教学做合一"是陶行知生活教育理论的教学方法论,是为批判传统单一的教授法,反对教师"教死书、死教书、教书死"和学生"读死书、死读书、读书死"的传统教学模式而提出的教学方法论。

(二)陈鹤琴的"活教育"理论

陈鹤琴(1898—1982)是我国现代著名的学前教育家,他是我国儿童教育和儿童心理研究的开拓者与奠基人,并促使家庭教育科学化、幼儿师范教育系列化,为中国学前教育事业走向现代化做出了不懈的努力。他从理论创立和实践的躬行两方面,对儿童的成长与发展进行了长期的观察实验和探索研究。陈鹤琴自1940年在江西省成立实验幼稚师范学校时就提出"活教育"思想,经过几年的教育实验,直到1947年他在上海逐步整理出"活教育"的理论体系。活教育理论体系包括三大纲领:目的论、课程论和方法论,以及教学原则、训育原则等。

(1)目的论。陈鹤琴指出活教育的目的就是"做人,做中国人,做现代中国人",应具备以下条件:第一要有强健的身体;第二要有建设的能力;第三要有创造能力;第四要有合作的态度;第五要有服务精神。

(2)课程论。陈鹤琴指出:"大自然、大社会,都是活教材。"陈鹤琴认为大自然、大社会才是活的书、直接的书,应该向大自然、大社会学习。课程的结构是"五指教学法",这五指是指健康、社会、科学、艺术和文学,五种活动是一个整体,也称为"整个教学法"。课程的实施以幼儿经验、身心发展特点和社会发展需要作为选择教材的标准,反对实行分科教学,提倡综合的单元教学,以社会自然为中心的"整个教学法",主张游戏式的教学。

(3)方法论。教育方法论的基本原则是"做中教、做中学,做中求进步"。主张把儿童作为幼儿园课程系统的中心,让幼儿充分与物、人接触,获得感性经验,"凡儿童自己能够做的,应当让他自己做"。

二、国外学前教育的理论

(一)埃里克森心理社会发展理论

埃里克森心理社会发展理论的核心内容是关于每一个人的生命周期的各个阶段,贯穿于人们从出生到死亡的整个过程。心理社会理论强调人的发展的社会环境,在社会环境中解决每一个发展阶段中相应的问题。这样的阶段理论有助于教师预知每一个儿童的发展过程中的重要问题，可以帮助儿童在每一个阶段中达到一种健康的平衡状态，并且基于生活事件协调先前经历过的阶段，使之达到再平衡状态。以下探讨的内容是有关儿童在他们的发展过程中形成的重要关系，主要是与他们周围的人和环境所形成的关系。

学前儿童主要有四个发展阶段，即婴儿期、学步期、学前期和学龄期，以下具体分析：

1. 婴儿期

在埃里克森的心理社会发展理论中，婴儿期（信任/不信任）是第一个阶段。个体在这个阶段形成基本的"信任"，得到"希望"的力量。在这个阶段中，婴儿在他们所处的环境中与其看护人权衡着信任和不信任的关系。如果婴儿的需求能够得以持续地、准确地、关爱地得到满足，那么就形成信任，婴儿就会认为这个世界是安全的、可靠的。

2. 学步期

学步期（自主/怀疑）可以帮助儿童发展自主能力，锻炼他们的自我意志力。在这个阶段中，儿童根据自己的意愿来做出行为。学步期的幼童开始到处活动，能够控制自己的身体行为。如果他们具备了足够的信任感，从而敢于冒险，尝试新的活动，把握周围的环境，那么他们就形成了自主性。在这个阶段也形成了一种对立：一方面是儿童自己的意愿；另一方面则是儿童周围的人和环境所给予的限制。所以，儿童在这个阶段常常会形成挫败感，这种情绪往往表现为发脾气和不听话。

3. 学前期

学前期阶段（主动/愧疚）是游戏的年龄，其间儿童可以发展主动性，锻炼坚强的意志。在3~5岁这个年龄段，儿童正在形成并且开始表现出人类社会群体成员所必备的基本技能和特征。例如，使用较为复杂的语言，建构性地、戏剧性地玩耍某些物体或者一起参与游戏，读写能力开始萌芽，包括理解图片、符号、标识和名称。

在学前期阶段中，游戏是主要的活动，儿童通过假装的形式来尝试、学习和应用新的知识。学前期的儿童总是想尽办法开展游戏，或者和其他人一起，或者自己一个人。儿童在这个阶段表现出明显的主动性，努力尝试新的事物。提出问题，触摸周围的物体，敢于冒险。

另外，在儿童发展的每一个阶段中，他们都具有内在的动机。在人们相互之间的关系中，儿童的内在动机的驱动来自他们的运动发育和心智发展。在上一个阶段即学步期的发展中，由于能够走开或跑远，幼童产生了自主性。儿童从人际关系中获得的快乐有利于他们不断地尝试和创造，也有助于共情的形成和发展。

4. 学龄期

学龄期（勤奋/自卑）的儿童表现出勤奋的特征，他们开始有所成效，能力得以培养。

5岁之前，从最初的新生儿开始，儿童逐渐掌握了各种各样的身体动作技能和语言交际方法，也慢慢学到了在日常生活中与人相处的种种途径。于是儿童就这样长大了，迎接正式的学校学习阶段的系统训练。

此外，儿童教育专家在研究教学方法的时候，把6~8岁的儿童归类为幼儿阶段。埃里克森理论所说的学龄期则贯穿整个小学阶段，这也是西格蒙德·弗洛伊德所说的潜伏期。在全世界各个地方，人们都期望儿童在六七岁的时候能够成为较为合格的社会成员。在学龄期阶段，儿童有义务也有责任去遵循各种社会规则。通过观察成人和大孩子们的言行举止，遵从他们的教导去训练，儿童学习相应的社会知识。如果有成人和同伴们的有效参与，书写和数学的技能学习也会有较好的效果。

（二）维果茨基学前儿童教育理论

维果茨基及其学生的理论应该放在当时的社会背景下看待，其中包括当时已有的以及新兴的育儿观和教育实践。在考虑维果茨基思想对今天西方和其他地方幼儿教育的适用性时，了解这些实践的异同是十分重要的。为了帮助读者更好地理解基于维果茨基的幼儿教育理论，笔者将对一些术语进行定义，并简要概述维果茨基及其学生所处时代的幼儿教育系统。

1. 维果茨基儿童早期的含义

维果茨基及其学生在20世纪90年代初的著作中对术语"儿童早期"（early childhood）和"儿童早期教育"（early childhood education）的使用。在西方文献中，对于这两个术语的使用并不一致。最广泛的定义来自全美幼儿教育协会（NAEYC）和经济合作与发展组织（OECD），他们将"儿童早期"定义为0~8岁；而世界卫生组织将产前期纳入"儿童早期"的定义。同时，大多数关于儿童早期课程和教学法的出版物关注的对象是3岁至进入小学阶段的儿童。这种与"早期教育"有关术语的不一致性在俄罗斯或苏联表现得很明显，维果茨基主义者及后维果茨基主义者的大部分研究就是在这种情况下进行的。在维果茨基时代，儿童8岁入学；随后，入学年龄降低到7岁，最后，6岁的儿童也可以选择入学，让他们多接受一年初等教育。

关于文化-历史方法与儿童早期教育的关系，维果茨基和他的学生们主要将他们的理论应用于中心式教育或课堂教育，而关注家庭等其他背景的研究则明显较少，这一方面可以归因于苏联政府对社会科学强加的集体主义思想；另一方面也可以归因于越来越多的职业母亲给孩子选择中心式幼儿教育机构。接受学前教育计划服务的大多是3~6岁的儿童，而只有少数的父母会让3岁以下婴幼儿进入幼儿园，即便这些幼儿园也是以中心为基础，并配备了合格的幼儿教师。

2. 维果茨基儿童的发展观

维果茨基教育方法的一个特点是,他和他的学生不只是把课堂看作应用学习发展理论的地方,还将其作为研究儿童发展的"实验室"。因为在他看来,儿童的发展由社会背景塑造。这种方法可以延伸到为有特殊需要的儿童设计的项目,以及那些旨在取代父母照料的项目,如孤儿院和寄宿学校。将所有这些不同背景下的研究整合起来,使得维果茨基和他的学生提出了丰富的理论,用于描述社会背景下儿童的发展。

对维果茨基而言,儿童早期并不是一个按时间顺序排列的概念。它与童年中期有质的区别,它由三个不同的时期或"年龄段"组成,每个年龄段都建立在前一个年龄段的基础上。婴儿期指的是儿童从出生到大概12个月龄的时期;幼儿期(或维果茨基所说的"早期")指的是12~36个月龄;学龄前期指的则是从36个月龄一直到上学之前,包括西方所说的幼儿园时期。维果茨基的"年龄段"既是社会形态,也是生物构造。从婴幼儿时期到学龄前和小学阶段的每一个年龄段,都是以儿童心理过程结构所发生的系统变化来界定的,也是由儿童在独特的社会发展情境中成长所产生的主要发展成就来界定的。维果茨基认为这种社会情境既是发展的发动机,也是发展的基本来源。这一观点决定了维果茨基的研究方法是从一个年龄阶段过渡到下一个年龄阶段。

虽然维果茨基在有生之年没有完成他的儿童发展理论,但他的著作表明,他把发展看作一系列稳定期,随后是关键期。质变在这些关键期发生,整个心理机能系统也在这一时期发生了重组,从而出现了认知和社会情感的新形态或发展成就。在稳定期,虽然新形态没有出现,但儿童仍然继续发展他们现有的能力,发展表现为儿童能够记住和处理事物数量的变化。

从表面上看,关键期(或维果茨基所说的"危机")伴随着儿童行为的变化,这些变化往往被成人认为是消极的:过去随和、顺从的儿童开始以一种"对立-反抗"的方式行事。维果茨基把这些突如其来的变化解释为:儿童新出现的需要与当前的社会发展情境对这个儿童的制约发生了冲突。如果能克服这种分歧,就会推动儿童进入下一个发展水平。维果茨基和他的学生们把与这些危机相关的典型年龄确定为1岁、3岁和7岁,这些转折点对应着从婴儿期到学步期、从学步期到学龄前期、从学龄前期到学龄期的过渡。

得益于后维果茨基主义者的研究,维果茨基最初的稳定期和关键期的观点得到了完善和扩展,并形成了一个理论,其中包含了明确定义的发展阶段,还解释了儿童从一个阶段过渡到下一个阶段的潜在机制。后维果茨基主义者对儿童发展理论的主要贡献之一就是阐述了维果茨基关于社会情境发展的概念,形成了主导活动思想。另外,主导活动指的是一定发展阶段的儿童与社会环境之间的一种互动,这种互动对儿童的发展是最有利的。儿童参与主导活动会形成这个年龄段的新形态(发展成就),并为他们进入下一个年龄段做好准备。反过来,发展成就被定义为能力和技能,这些能力和技能不仅对特定年龄段而言是新的,而且对儿童在下一个阶段参与主导活动也至关重要。

3. 维果茨基理论在儿童发展中的价值

要描述维果茨基的幼儿教育方法,就不能不提及他对游戏的看法。游戏不仅是学龄前期和幼儿园阶段的主导活动,而且是基于维果茨基帮助下的游戏方法,也是文化-历史游戏理论的主要原则实际应用的案例。虽然维果茨基主义者与其他许多儿童发展理论家一样都相信游戏的重要性,但他们对游戏的定义和成人在游戏中帮助儿童的作用的看法是独特的。首先,在他们把游戏定义为主导活动的过程中,维果茨基把重点放在一种特定的游戏上——通常被称为假装的、社会戏剧性的或虚拟的游戏,而忽略了其他许多类型的活动,如运动、游戏、物体操作和探索,这些活动过去(现在仍然)被大多数教育者和非教育者称为"游戏"。其次,在维果茨基及其学生的著作中,他们所谓的游戏特征是后来被称为"完全发展的"游戏形式,而不是学步期儿童或较年幼的学龄前儿童在启蒙阶段玩的游戏。

维果茨基认为这种"完全发展的"游戏主要有以下特点:

第一,儿童创造一个想象的场景,扮演和表演角色,遵循由特定角色决定的一系列规则。每一个特征都对儿童的发展起着重要作用,并可以将其理解为儿童高级心理机能的发展。在想象的情境中进行角色扮演,要求儿童做出两种类型的动作:外部动作和内部动作。在游戏中,这些内部动作,即"有意义的操作",仍然依赖于对对象的外部操作。然而,内部动作的出现标志着一个儿童开始从早期的思维方式——感觉运动和视觉表征,向更高级的象征性思维过渡。因此,虚拟游戏为两个高级心理机能——思维和想象奠定了基础。因此,与人们普遍认为的儿童需要想象力的观点相反,维果茨基主义者认为想象力是游戏的产物,当儿童不再需要玩具和道具作为物理"支点"来帮助赋予现有物体新的意义时,想象力就会出现。

第二,根据维果茨基的观点,促进高级心理机能发展的方式是促进有意的、刻意的行为。维果茨基的游戏观与其他理论不同,其他理论将游戏视为一种活动,在这种活动中,儿童完全不受任何约束。此外,维果茨基的学生丹尼尔·埃尔科宁(Daniel Elkonin)详细阐述了维果茨基的观点,提出了文化-历史游戏理论,也称为"有意行为学派"。这种游戏特征之所以成为可能,是因为儿童扮演的角色、他们使用的装扮道具以及他们在扮演这些角色和使用这些道具时需要遵守的规则之间存在着内在的联系。对于学龄前儿童而言,游戏是他们参与的第一项活动,在这项活动中,儿童不是被这个年龄段普遍存在的即时满足的需要所驱使，而是被抑制其即时冲动的需要驱使。

第三，维果茨基游戏理论的另一个决定性原则是它的社会文化本质。由于不同文化背景下的儿童在发展过程中所处的社会环境不同，游戏在其发展过程中的作用也不同。在前工业文化中，游戏的主要功能是让儿童为参与明确定义的"成人"活动做准备，而现代游戏则是非实用主义的，没有为儿童准备特定的技能或活动，但是让儿童为今天的学习任务以及人类尚不能想象的未来任务做准备。维果茨基通过"文化-历史"观来看待游戏，这意味着游戏不是自发地出现在某个儿童身上的东西，而是由儿童在与其他人的互动中共同建构的，这些互动的性质和程度由社会环境决定。虽然由年长儿童担任游戏导师的多年龄游戏小组曾经是儿童文化的一个共同特征，但如今在许多西方国家，这种互动越来越少，这就使得越来越少的儿童能够在读完幼儿园后达到"充分发展"的游戏水平。随着越来越多的儿童在幼儿园和学前班与同龄孩子一起度过，教儿童如何游戏成为成人的责任。

4. 维果茨基最近发展区的教学理论

其他发展理论认为儿童只能学习那些他们已经准备好的技能和概念，但维果茨基主义者认为，这种准备本身可以通过教学过程来确定和促进。虽然确实有些学习不可能发生，除非具备了发展的前提条件。例如，如果儿童的运动技能没有发展到可以抓稳书写的工具，那么他们就不可能学会写字。反之亦然，认知、社交或语言方面的能力也不可简单地视为随着年龄的增长而出现，而是取决于儿童的学习内容。针对"跟着儿童走的"言论支持者，维果茨基写道：旧的观点认为，养育方式应适应儿童的发展（在时间、速度、思维方式和感知方式等方面）。

维果茨基提出的"最近发展区"（Zone of Proximal Development，ZPD），既反映了学习与发展之间关系的复杂性，也反映了高级心理机能的共同形式向其个体形式过渡的动态性。之所以使用"区"（zone）这个词，是因为维果茨基把儿童在任何特定时间的发展设想为处于掌握不同水平的技能和能力的连续体。他通过使用"最近"（proximal）一词表明，区间仅限于那些将在不久的将来发展的或"处于出现边缘"的技能和能力，而不是最终出现的所有可能的技能和能力。因此，一个儿童的最近发展区是由他的下位边界（lower boundary）来定义的，它表示这个儿童的独立表现水平；而它的上位边界（upper boundary）代表这个儿童得到帮助后的表现水平。一种技能或一种能力越接近独立表现的水平，这种技能的出现所需要的帮助就越少。此外，如果在最大程度的帮助下，儿童仍不能掌握某项技能或概念，则表明该技能或概念目前不在他（或她）的最近发展区范围。

最近发展区所包含的技能和能力并不能决定儿童当前的发展水平，而是决定儿童的发展潜力。如果没有得到指导或与能力更强的同伴合作，那么这种潜力就可能无法实现，因此儿童也就永远无法达到更高的发展水平。儿童的最近发展区随着学习而变化，可能今天还需要在他人的帮助下才能完成的任务，到了明天就可以独立完成。另外，当儿童完成更困难的任务时，就会出现一个新的辅助表现水平。随着儿童获得的技能和能力越来越复杂，这种循环会不断重复。

发展的观点在某种程度上取决于教与学，这促使维果茨基提出了一种不同的评估方法，用于评估儿童的能力。在维果茨基时代使用的评估方法（至今仍在使用）禁止测试者向儿童提供任何帮助。因此，对儿童认知或语言能力的评估并不能确定儿童的低水平表现是由发育迟缓还是由教育剥夺造成的。维果茨基建议在评估的过程中加入成人的帮助，如提示或重新表述测试问题的形式，这种修改不仅可以评估儿童现有的技能和能力，而且可以评估那些由于缺乏教育机会而仍有发展潜力的技能和能力。维果茨基的见解在后来形成了一种新的评估方法，这种方法被称为"动态评估法"，目前被应用于心理学和教育领域。

除了影响评估实践外，维果茨基的最近发展区概念还将适合发展的概念扩大到包括儿童在协助下可以学习的概念。维果茨基认为，最有效的教学是针对儿童的最近发展区的更高水平，这意味着教师提供的活动应刚好超出儿童能独立完成的范围，且在别人的帮助下能够完成的范围。虽然这一理念很快在教育工作者中流行起来，但在课堂实践中遇到了一些挑战。首先，课堂上每个儿童的最近发展区之间存在着差距，加上一间教室内的儿童最近发展区处于不同范围和水平，解决每个儿童的个人最近发展区问题以促使教学效果最大化似乎并不可行；其次，对许多儿童而言，"在指导或合作下"的能力似乎并不能最终转化为他们在同一水平上的独立表现能力。由于最近发展区在课堂上的使用面临着这些挑战，大多数关于儿童区域内互动的研究仅限于在实验室或家庭情境下的一对一互动。

与此同时，几代后维果茨基主义者的研究以及教师在幼儿课堂中践行维果茨基理论的经验表明，通常可以针对每个儿童的最近发展区来设计教学实践。首先，最近发展区中的协助概念需要扩展到成人或更有经验的同伴之外，包括各种社会情境（如结对工作、指导经验较少的同伴或参与专门设计的小组活动）、各种辅助工具以及儿童可用于自我帮助的行为（如自言自语、写作或绘画）。有了这种广泛的协助观，让全班儿童都能发挥最高水平的想法听起来就不再不切实际。对于学前班和幼儿园的儿童而言，维果茨基充分发展的虚拟游戏是最有益的环境，这一环境使所有儿童都能在其各自的最近发展区的最高水平上发挥作用，无论他们最近发展区的范围或大小如何。

支架的概念可以帮助儿童从辅助表现过渡到独立表现。虽然维果茨基本人没有使用这个概念，但这个概念有助于我们理解如何在儿童的最近发展区的范围进行目标教学，以促进儿童的学习和发展。对于大多数儿童而言，从被帮助到独立是一个渐进的过程，包括从使用大量的帮助到慢慢地取代，再到不需要任何帮助；从他人帮助到自我帮助，然后到独立，设计适当的支架意味着从为儿童提供帮助的那一刻起，就要开始计划如何撤销这种帮助。利用教师直接协助以外帮助的儿童已经离完全独立又近了一步；完全独立的儿童现在已经准备好接受更困难的任务和新的帮助。通过协调帮助的数量和质量，以适应每个儿童的个人需要和优势，就有可能最大限度地发挥每个儿童的学习潜力。

维果茨基的有效教学理念针对的是儿童的最近发展区，这一理念被他的学生们进一步推广，尤其是亚历山大·扎波罗热茨（Alexander Zaporozhets），他创建了全苏联学前教育研究机构（All-Soviet Research Institute for Preschool Education），并担任该机构的主任多年。亚历山大·扎波罗热茨强调在幼儿的最近发展区范围教授技能和能力的必要性，他谴责加速发展的做法，这种做法旨在过早地把学步幼童变成学龄前儿童，把学龄前儿童变成一年级学生，这种不必要的加速发展的另一种做法是扩大发展：通过确保所有可能出现的技能和能力在适当的时候出现，最大限度地利用儿童的最近发展区。

第三节　学前教育的方式

在幼儿园一日生活中，由于学前儿童身心发展特点和认知能力、发展水平的限制，要求选择和使用的方法必须适合儿童思维发展水平和接受能力，因此，在日常教学中，教师既要考虑怎样教，还要考虑儿童怎样学以及每个儿童的学习方式，保证教育教学目标的顺利完成。在此，将学前教育中常用的方法进行探讨，以便教师根据不同的教育或活动要求采用相应的方式，以达到理想的教育境界。

一、学前探索发现法的教育方式

探索发现法作为儿童学习方法之一，主要是指在教育教学活动中，教师要引导儿童自主探索，从而发现事物的特征、属性和相互关系的方法，对学前儿童而言，思维比较浅，对问题的认识不够深刻，所以需要教师的协助，这对教师的要求也是极高的，教师不仅要观察儿童的兴趣点，有时还要确定要解决或探索的问题，组织儿童学习活动，使儿童明确"发现"的目标；创设研究问题的情境，指导儿童探求、思考，以及推测各种可能的答案，寻求问题的正确结论。探索发现法容易引起儿童的兴趣和激发儿童的内部学习动机，对发展儿童的认识能力、探索能力和创造精神也是有益的。

（一）探索发现法的类别

（1）探究法。即儿童根据生活情景自己提出问题或由教师确定问题或主题，在教师的指导下，有目的、有计划、有步骤地进行研究与探索，从而获得结论，培养创新实践能力的一种教学方法。它所倡导的是教学过程中儿童的积极参与。着重在于激发儿童探索的欲望和好奇心，培养儿童科学的探究方法，初步形成主动探究的意识，培养儿童主动探索的精神。在运用探究法时，首先，教师要注意创设的问题情境要生活化、趣味化、创意化，能够激发儿童的想象力与探知欲；其次，利用小组合作学习，营造良好的互动氛围，同时增加同伴间的交流。必要时教师进行适宜的引导、点拨与组织，使儿童进行有效探究。

（2）发现法。发现法是由美国教育心理学家布鲁纳提出的，他认为发现法是指在教师引导下，儿童自己发现问题，并通过对问题的独立研究探索来发现和获取知识的一种教学方式。他认为教学不只是儿童获得知识的过程，还应是儿童能力得到充分发展的过程。发现法强调儿童是发现者，参与知识的建立过程，发现事物的变化及内在联系，从而获得规律性的知识。儿童通过自己的探索学习，充分调动思维的灵敏性，发展探索能力和习惯，还有利于儿童理解知识、记忆知识。这无疑对儿童的探究精神和创造性的培养是非常有利的。

（二）探索发现法的注意事项

第一，教师要积极创设问题情境，精心设计发现过程，要周密考虑问题的每一个步骤和提出的方法，要注意激活儿童的探究兴趣，提高他们探索真理的勇气。

第二，教师要做好探索发现前的准备工作。根据儿童认知发展特点及探究发现的内容，准备好活动材料。

第三，探索发现虽然强调儿童在探究活动过程中的主体作用，但学前儿童本身的年龄特点就要求教师精细化的指导。

第四，以小组合作的方式探究发现，为儿童提供尽可能多的机会去发展自己的探索欲望，倾听别人的想法，学会交流，增强整体合作意识。

当然，探索发现法不是万能的，教师在教育教学过程中，要把探索发现法和其他教学方法配合使用，才能取得好的教育教学效果。

二、学前讲解谈论法的教育方式

讲解谈论法是指在教育活动中，教师通过讲解、讨论、谈话等方式对儿童进行教育、指导、说教,以达到教育目的的一种教育方法。教师通过讲解谈论法,为儿童提供知识信息,帮助儿童获得知识经验,促进智力发展。

（一）讲解谈论法的类别

（1）讲解法。讲解时教师口头向儿童陈述或解释某一问题的方法。讲解必须和多种方法相结合,才能发挥其作用。教师通过讲解,可以使儿童知道学习的目的,理解相关知识,掌握技能。在运用讲解法时,要注意语言的清晰、准确、生动、形象而富有感情,还要关注儿童原有的发展水平,尽量使用通俗易懂的语言,必要时可重复讲解。

（2）谈话法。谈话法主要是指教师与儿童围绕某一主题或问题,平等谈论的一种方法,它可以激发儿童的兴趣,活跃儿童思维,发展语言能力。在运用谈话法时,注意身体姿态,尽量蹲下来或坐下来,和儿童一起投入到某一话题中。不偏向,不歧视、不嘲笑儿童,引导儿童发展良好的语言和行为。

（3）讨论法。讨论法是儿童通过自己原有的知识经验,对一些不了解的、模糊不定的或感兴趣的问题、主题发表自己的意见。讨论法是儿童自己教育自己,但是儿童年龄较小,需要教师引导,由儿童积极参与讨论活动。儿童在讨论时,学习的氛围是轻松的,自由和谐的,在这样的环境中充分发挥儿童的主观能动性,引导儿童回忆已有的知识和经验,促进儿童认知水平和思维水平的发展。

（二）讲解谈论法的注意事项

在运用讲解谈论法时,首先,要提出来自或者贴近儿童生活中有趣的问题。教师要经过周密计划,紧扣目的,引导儿童思考,促进发散性思维。其次,讲解探讨的内容要在儿童已具备的知识经验基础上,以便儿童理解、讨论。再次,儿童讲解探讨,语言要清晰、流畅,注意倾听教师或同伴的发言。最后,讲解谈论要面向全体,必要时教师也要以平等的态度参与,引导儿童多思考、多交流。

三、学前直观形象法的教育方式

直观形象法是幼儿园教育教学中常用的方法,即借助儿童多种感官和已有表象,教师采用直观教具或直观形象的事物,组织儿童开展观察、欣赏、演示、示范和范例等活动,促进幼儿全面深刻地掌握知识,以达到教育教学的目的。直观手段通常为直观实物、图片、多媒体、语言等。通过鲜明、生动的形象,容易吸引儿童的注意,激发学习兴趣,帮助儿童理解和记忆,有助于发展儿童的观察力、形象思维能力。

（一）直观形象法的类别

（1）观察法。观察法使儿童感知某一具体事物，以此丰富知识，扩大眼界，锻炼感知觉，发展观察力和其他认知能力，激发儿童学习的积极性和探索意识，促进语言的发展，在运用观察法时，教师要提供儿童各种各样的事物以供儿童观察，丰富儿童生活，并且要教给儿童观察的方法，组织儿童有目的地观察。科学、自然、体育等活动常用观察法。

（2）演示法。演示法是教师通过出示各种实物或直观教具，进行示范性操作。引导儿童集中注意力，对某一事物或现象有一个较完整的感性知识。在运用演示法时，选择恰当的时机出示直观教具，激发儿童兴趣和好奇心，演示实物要使全体儿童看清楚，必要时教师要配合语言讲解，使儿童能够理解观察实物的特征。在科学、数学、语言等活动中常用演示法。

（3）示范法。示范法是教师通过自己或儿童的动作、语言，或教学表演，为儿童提供具体模仿的范例。在语言、美工、音乐、体育等活动中常用示范法，在示范教学时，教师要选择好位置，使每个儿童都能看清楚，教师动作要慢、清楚而准确并加以语言解释，以达到教学的目的。

（4）范例法。范例法指教师选择典型的事例供儿童直接模仿或学习。如：优秀人物，已经准备好的各种样品等。在运用范例法时，所选的范例造型要简单大方，色彩鲜艳，便于儿童理解、易于模仿和学习。

（5）参观法。参观法是与直观形象有关的教学方法，主要是为儿童提供真人、真事、真场合，作为教育环境的一种方法。教师常常有目的地带领儿童对所参观对象进行观察，而这种观察与幼儿园中的观察学习有别，它是为儿童提供真实环境的观察，调动儿童多种感官，激发儿童真情实感，进而产生感情共鸣和移情。

（二）直观形象法的注意事项

在运用直观形象法时，首先，要注意直观教具的选择要具有针对性，在教学过程中能够通过直观物体的展示，使儿童理解相关知识；其次，在实施直观形象法时，要采用不同的直观形象手段，如电视机、电脑、投影仪等直观教学；最后，直观形象法要与语言法相结合，必要时通过行动练习巩固观察或讨论来获得知识，为儿童提供在观察的基础上提高其认知的机会。

四、学前操作体验法的教育方式

操作体验法是指教师在教育教学中提供与教学内容有关的材料供幼儿操作,或者设置一定的环境,引导儿童主动学习和发展,从而巩固知识,形成简单的技能和行为习惯。在具体的教育活动中,操作和体验常常同时存在,教师为儿童提供一定的条件或创设一定的环境,让儿童亲自体验、亲自动手,去体验某种事物或行为,有利于激发儿童探索欲,求知欲,也有利于儿童掌握相应的操作技能,从而达到教学目的。

(一)操作体验法的类别

(1)行动练习法。行动练习法是指教师组织儿童反复练习一定的动作,从而巩固知识和技能。在日常教育中,行动练习法是一种重行为训练轻口头教育的有效教育手段。从性质和特点上一般分为:第一,心智技能练习,如儿童语言、记忆、思维、想象等智力活动;第二,动作技能练习,如体育活动、唱歌、跳舞、操作用具等外部动作;第三,道德行为练习,如同情心、爱心、助人为乐等内容。在运用行动练习法时,首先,要明确练习的目的、任务和具体要求,激发儿童练习的主动性和积极性;其次,练习要符合儿童的年龄特点和能力水平,方法适当并适当地伴随提示、引导和示范;最后,练习的方式应多样化,避免单调、乏味,提高儿童练习的兴趣。

(2)环境体验法。环境体验法是指教师根据一定的教育目标,创设一定的环境和条件,让幼儿置身其中体会、感受,加深他们对事物的理解,激起相应的情感体验和认知经验。在幼儿园环境体验法中,通过精神环境体验,促进儿童心理健康发展,满足儿童心理需要,培养相应的精神品质;通过物质环境体验,让儿童感受动手操作的乐趣和收获,培养儿童良好的行为习惯。在运用环境体验法时,首先,要注意创设的环境要富有童趣,不成人化,为儿童提供他们熟悉的便于开展想象与拟人化的环境;其次,教师为儿童创设的环境便于儿童操作,投放的材料要适合儿童年龄特点,也可随教育目标或儿童发展需要调整环境布置;最后,在环境的创设时,教师要对儿童进行必要的指导,引导儿童创设完整的学习环境。

(二)操作体验法的注意事项

在运用操作体验法时,首先,要注意材料提供的可操作性和教育性,投放和布置适合幼儿身心发展特点和需要的材料和环境,便于儿童练习、操作。其次,操作体验的内容要围绕教育目标展开,以便儿童把握某些要求、技能、准则和基本行为规范,进行反复练习，体验不同活动带来的快乐。最后，采用操作体验法需要家园协作，互通信息，教育目标一致，使儿童在认识、情感与行为上得到全面发展。

五、学前游戏法的教育方式

世界学前教育之父福禄贝尔（Friedrich Wilhelm Frobel）最先提出对儿童进行游戏教育的主张，在他创立的人类历史上第一所幼儿园里，实施的是以游戏为基础的教育。因此，游戏作为幼儿园的基本活动，协助教师开展基本的教学活动，不仅能够激发儿童学习的兴趣，调动儿童活动的积极性，还有利于儿童成为一个完整的人。

游戏是一种古老的社会文化现象，从生物演化的角度看，游戏的历史甚至比人类的历史更长，因为不仅有人类玩游戏，高等动物也有游戏，游戏是在生物进化过程中出现的活动形式。虽然有漫长的游戏历史，人类对游戏进行系统的研究却并不久远。对于儿童，游戏是他们普遍喜欢的活动。并且从古至今，任何地区、任何民族的儿童都喜欢游戏。可见，有儿童就有游戏，儿童是在游戏中发展和成长的，是美好童年不可缺少的因素。在学前教育中，幼儿园的游戏更是无所不在，几乎是幼儿园教学活动、生活活动等各类活动得以进行的最好载体。

古往今来、古今中外对游戏的解释观点各异，但为我们进一步理解游戏的含义奠定了理论基础，同时，"教育家和心理学家从不同方面对游戏价值进行肯定，也可见游戏在教育活动尤其是学前教育中的重要地位"[1]。

（一）游戏法的类别

游戏法是指教师通过游戏的方式引导儿童开展学习活动，以取得良好的教学效果。通过游戏方式，使儿童饶有兴趣、积极主动、轻松愉快地进行学习。实施游戏化方法有两种类型：一是游戏活动教育化；二是教育活动游戏化。游戏活动教育化主要是指儿童通过角色游戏、结构游戏、表演游戏、有规则游戏等形式，发展语言、增长知识和技能，培养儿童审美情趣，促进其社会化的发展。教育活动游戏化主要是指在教育教学活动中，充分利用游戏的特点及儿童对游戏的偏向，以游戏的形式开展相应的教育活动。常常有智力游戏、听说游戏和体育游戏，帮助儿童获得知识、技能，激发儿童的认知思维能力的发展，培养儿童学习的兴趣。

---

[1] 柳阳辉. 学前教育学 [M]. 郑州：郑州大学出版社，2012：161.

（二）游戏法的注意事项

第一，明确游戏是教育活动的一个环节，还是贯穿教学活动的整个环节。如果是教育活动的一个环节，那么游戏的目的就是引起兴趣或者强化知识，也就是说，游戏是为教学服务的，教师在组织教育活动时切记不要本末倒置，不要过多关注儿童游戏而忽略教育活动原定的目标和将要完成的任务。

第二，在组织活动时教师要明确游戏规则。教师根据游戏目的及教育活动的目的对儿童提出明确、具体的要求，这对儿童组织、约束及调整游戏行为有积极的作用。

第三，采用游戏法要注意发展适宜性，不同年级开展游戏的形式及成分都有所不同，如小班儿童可以较多采用游戏方法进行教学，随着年龄的增长，知识经验的增长，语言、智力的发展，到大班采用游戏化方法相对减少，相应增加讲解、讨论、练习等方法。

第四，开展游戏化的形式应多样化，可以集体活动，也可小组或个别活动。但为了满足每一个儿童的需要，最好创设不同的游戏区角。

综上所述，学前教育的基本方法虽然有着不同的内涵和意义，在使用时要求也不相同，但是也是彼此联系、相辅相成的，所以在实践中，教师要根据不同的教育内容和要求以及儿童的实际情况，灵活多样地应用，既可单独使用，也可综合使用，其最终目的都在于促进儿童在原有的水平上得到发展。

第四节　学前教育的新观念与新趋势

20 世纪 80 年代以来，由于各国的普遍重视与投入，学前教育在世界范围内，尤其是在第三世界里获得长足发展。各国适龄儿童入园率都有不同程度的增长，各国学前教育的质量也有大幅度的提高。现代学前教育开始走向成熟和繁荣。在这一现代学前教育迅速发展、分化的时期里，也相继涌现出许多新的发展趋势和发展导向。20 世纪 90 年代以来，由于现代学前教育理论的多元化、研究工作的科学化、研究手段的现代化以及学前教育实践的系统化等原因，学前教育的发展开始逐渐走上正轨，其态势也逐渐明朗和显见。

一、学前教育的新观念分析

观念是实践的先导，而实践则是检验观念的唯一标准，观念与实践之间有对立也有统一，二者相互依存、相互促进、共同发展。现代学前教育观念及其实践的关系也不例外。

我们认为，现代学前教育思想与现代学前教育实践之间的不同发展状态，反映了现代学前教育本身的不同发展与成熟状态。例如，在20世纪六七十年代，现代学前教育发展的初期，学前教育实践远远跟不上时代和社会的需要，与先行的观念之间存在较大的距离。而目前，学前教育观念正好构成现代学前教育实践的"最近发展区"，二者间距离适中，从而构成良好的动态发展关系。概括而言，现代学前教育里具有普遍影响的新观念有以下方面：

（一）胎教的兴起与发展

胎教的兴起与胎儿心理研究的重大进展是分不开的。严格地讲，胎教在我国是一项古老而久远的学前教育实践活动，而并不是现代才产生的所谓"新观念"。查阅古籍中最早有关胎教的记载，可以确认中国提出胎教要比希腊学者、著名哲学家亚里士多德提出的胎教观点早一千多年。但不同的是，这一并非发轫于中国的现代胎教思想与我们古已有之的传统胎教思想有所不同，它是一种建立在实证性研究基础上的、新型的、具有严密科学性的思想，而我国古代胎教学说主要是建立在实际经验和观察研究的基础上的，科学性和可信性并不太高。

胎教的兴起与发展是与两本胎教著作的出版密不可分的。1987年，为配合日本著名教育家、企业界巨子井深大先生的访华讲学，其专著《零岁：教育的最佳时期》的译本在我国正式出版发行，书中所表达以及他本人在讲学中所介绍的崭新的胎教思想和观念极大地震动了望子成龙的中国父母们，同时也提醒了中国儿童心理和儿童教育界的同行们，向他们展示了胎教这一古老而又沉寂的研究领域所可能面临的光辉前景。此后，胎教的理论和实验研究及各式各样的胎教实践活动在我国迅速展开，并受到一些胎儿父母的积极响应和欢迎。但是，由于传统医学观念和保守思想的作祟，同时也由于胎教本身的某些畸形发展，很多人仍然怀疑胎教的教学性和可行性，并斥之为"现代迷信"。例如，北京人民医院刘泽伦教授的《胎教的实用与科研》一书同时在海峡两岸出版发行，该书生动而系统地介绍了20世纪80年代中后期以来国内外胎教实用与科研方面的最新材料，从而消除了人们对胎教的怀疑和不信任，一举奠定了现代胎教在我国学术界的科学地位，极大地推动了现代胎教在我国的发展。

（二）儿童发展本身作为教育的目标

世界各国的学前教育工作者们从儿童个体发展的规律出发，提出了以儿童发展为核心的教育目标。学前教育的目标将有以下特点：一是强调儿童的整体发展而并非某一方面的发展；二是着眼于未来，加强人际交往能力、创造力以及个性方面的互助、合作、分享、宽容等品质的培养目标；三是注重个体与群体并重的发展目标。儿童发展本身（无论是个体还是群体的发展）将作为学前教育的根本目标。

（三）学前教育过程的科学认识

学前教育过程主要包括教师的"教"和儿童的"学"以及二者之间的相互作用（即相互关系）三个方面的内容。当前我们对学前教育过程的新认识主要是对儿童学习活动全面而深刻的理解和对师生关系崭新而科学的认识这两个方面。

（1）对儿童学习活动的新认识。传统的儿童学习观认为，幼儿的学习活动仅在于教师组织的集体教育（如上课等）过程中，其他场合（如家庭、游乐场所等）里的学习活动"都不算是学习"。现代儿童学习观认为，幼儿的学习活动主要有三种类型：第一种是以幼儿接受灌输为主的"接受学习"，主要发生在幼儿园教学过程中；第二种是游戏中的学习活动，它当然发生在幼儿的游戏活动中；第三种则是以幼儿主动发现知识为主的"发现学习"，它主要是发生在幼儿各种自发的观察探索活动中。

（2）对师生关系的新认识。过去对于学前教育过程中的师生关系曾经有过三种看法：第一，传统的以教师为绝对主导的师生关系理论。我国和苏联的学前教育中教师起主导作用的提法和做法就是这一传统观念的典型代表。第二，以儿童为中心的师生关系理论。它起源于杜威的"儿童中心主义"观点，并且在西方教育学的学习理论指导下，更加着重于儿童的成熟和自发性学习，主张教师在教育过程中只起一种观察者、环境提供者、儿童思维和活动的理解与评估者的作用。第三，现在正盛行的"教师主导，儿童主体"的双主体模式，这一观点看起来更像是一个中庸妥协的结果。相对于以教师为绝对主导的单主体模式而言，这一模式在对师生关系的认识上是一个进步，它至少已开始承认儿童在学前教育过程中的主体地位了。但是，这一理论仍然存在问题。因为它静态、机械或者说形而上地理解了学前教育过程中师生之间复杂动态的关系。

事实上，在幼儿不同类型的学习活动中，教师所起的作用是截然不同的，不能一概而论。例如，在幼儿的接受学习过程中，教师确实主导整个教学活动，幼儿也确实是学习活动的主体。而在幼儿的自发学习活动过程中，幼儿既是学习的发起者、组织者，又是学习的指挥者和承受者，因而幼儿本身就是学习的主体和学习的主导，三者自然地统一在幼儿身上。在游戏学习过程中的情况则比较复杂，教师和幼儿之间是一种动态的相互作用的过程，表现为幼儿和教师之间相互作用的持平即二者均为主导。但这只是一种动态的均衡，实际表现为总是在两个"主导"之间不停地摆动过程：游戏的发起过程是由教师主导的；

游戏进行过程中则是以幼儿为主导的，等等。

二、学前教育的新趋势探索

（一）学前教育理论的多样化趋势

随着学前教育界国际交往和自身科研水平的发展，我国学前教育逐渐繁荣并完善了自身的基本理论体系，并显现出多样化的发展趋势。在这一多样化的发展过程中，蒙台梭利和皮亚杰的教育理论以及现代开放教育思想开始成为人们普遍关注的焦点，并成为目前学前教育界的主导理论和国际交流的热点。

（1）蒙台梭利教育的再次复兴。蒙台梭利是意大利幼儿教育家。她毕生从事儿童教育事业，对幼儿教育进行了长期的实验研究，并采用实验的方法建立起了新的、合乎科学的教育学，为幼儿教育改革做出了卓越的、有深远历史影响的贡献，成为国际学前教育界一面永远高高飘扬的旗帜，影响了一代又一代的教育工作者和思想家。蒙台梭利认为要教育儿童，先要了解儿童。她认为控制儿童行为的是本能的冲动，儿童在来自先天的自发的冲动性作用下，具有一种很强的、天赋的内在潜伏能力和继续发展的积极力量。她认为儿童的心理有这样一些特点，即具有独特的"心理（或精神）胚胎期"，具有吸收力的心理，存在发展的敏感期和不同的发展变化阶段。

（2）皮亚杰认知理论的教育实践。皮亚杰是20世纪最伟大的心理学家之一，他的认知发展理论开创了儿童心理学的新纪元。由于历史局限等原因，皮亚杰本人曾经忽视教育与学习在儿童发展中的作用。但是他的认知发展理论却在国际教育界受到广泛重视，并且对教育、教学的理论和实践产生了较为深远的影响。其中主要积极的影响是：①强调活动的重要性；②强调兴趣和需要的重要性；③强调儿童发展的连续性与阶段性的重要作用；④强调智力是一种积极、主动的建构过程。

从20世纪70年代以来，皮亚杰认知发展理论被欧美教育工作者广泛应用于学前教育领域里，并相继形成了三种类型的皮亚杰幼儿认知教育模式，其中以凯米（Kamii）等人的《伊普西兰提早期教育计划》（*The Ypsilanti Early Education Program*）最为著名，这一模式根据皮亚杰知识三类型说将幼儿社会情感和认知发展列为幼儿教育的两大目标，其中的社会情感目标又分为"同伴关系（in relations to peers）""与成人的关系（in relations to adults）"和"与学习的关系（in relations to learning）"三个方面；认知发展目标又可分为物理知识（physical knowledge）、数理逻辑知识（logical-mathematical knowledge）、空间和时间的建构（structuring of space and time）、社会知识（social knowledge）和表征（representation）五个方面的内容，所有这些教育目标均通过幼儿的游戏与探索"在活动中达成"、在操作中掌握、从做中学。

（二）学前教育的科学化与系统化趋势

进入20世纪90年代以来，我国幼教理论工作者开始和幼教实际工作者进行广泛的合作与研究，对具体的幼儿教育方法和手段进行临床的实证研究，并促使我们的学前教育方法和手段向科学化和系统化方向发展。例如，对角色承担训练的研究，对移情训练的研究，对"社会认知冲突训练"的研究，对三种教育方式的研究和对去自我中心化训练的研究，等等。这些实验研究的结果为幼儿教师有效地运用各种具体的教育方法和手段提供了切实可靠的理论依据和翔实而切实可行的具体建议，使幼儿教育方法本身得以完善和发展，并最终得到推广和普及。

第二章 学前教育专业发展与课程设计

第一节 学前教育专业及其发展理念

一、学前教育专业的概念界定

（一）学前教育专业

教育是整个普通高等教育中的一个特殊层次，它以培养社会所需要的应用型人才为目标，通过对学生的知识、能力、素质结构等的培养，使学生具备某一特定职业所需要的实际能力，而且其强调理论教学和实践训练并重，因此其毕业生具有直接上岗工作的能力，较其他高等教育更具有明显的职业性。

学前教育专业是培养具备学前教育专业理论和专业技能，能在托幼机构从事保教和研究工作的教师、学前教育行政人员以及其他有关机构的教学与研究人才，其招收对象主要为高中、职高、技校以及中专的学生。另外，学前教育专业学生，是指"在学前教育专业接受教育，并通过系统地学习相关的理论知识和技能，使自己具备一定的职业能力后毕业并入职两年内的幼儿教师"[①]。

（二）职业核心能力

近年来，随着学术界对"职业核心能力"的关注，高校对职业核心能力这一概念也有了一定了解。然而，无论国内与国外，在一定的研究基础上，对于职业核心能力的相关界

[①] 苏卫涛. 高职学前教育专业学生职业核心能力培养研究 [M]. 长春：东北师范大学出版社，2016：4.

定,因为文化差异、经济或政治渊源等因素的影响,对职业核心能力的特点、内涵、范围等见解未能表述统一。如,最早提出"职业核心能力"这一概念的德国,把"职业核心能力"表述为"关键能力",英国则称之为"核心技能",而美国则使用"基本技能"或"知行技能",我国大多数学者使用"职业核心能力"这一说法。无论"职业核心能力"在各国的表述如何不一,内涵上还是趋于一致的:它是指从事任何职业都必需的,能适应岗位变动、应对社会信息变幻与技术迅猛发展的综合能力,是一个人在职业生涯中必不可少的可持续发展能力,泛指专业知识与专业技能以外的能力。

我国劳动与社会保障部在《国家技能振兴战略》中把劳动者的职业技能分为职业特定技能、行业通用技能、职业核心技能三个层面。在我国人力资源开发中,把职业核心能力分为自我学习能力、创新革新能力、与人交流能力、信息处理能力、数字应用能力、解决问题能力、外语应用能力、合作协作能力八大模块。随着研究的深入,部分学者把良好的心理素质、时间管理能力也纳入其中。

职业核心能力作为一种综合能力,同时具有以下特点:

(1) 普适性是指职业核心能力在不同的环境与工作中被普遍应用,没有特定的应用限制。例如,解决问题能力,无论劳动者从事何种行业、担任哪些岗位,都需要在突发事件中具备解决问题的能力,这种能力没有针对性,因此在不同的行业与岗位中普遍适用。

(2) 可迁移性是指职业核心能力在某一环境一旦习得,即可被运用至另一环境中,随着从业者的行业转换或岗位调动而迁移,成为从业人员自身能力的一部分。例如外语应用能力,在一定环境下习得之后,内化为自身能力的一种,当新的工作需要这种能力的时候,他会把这种能力重新应用到新的工作中去,而不需要经过重复学习。

(3) 可塑性是指职业核心能力可以通过后天的学习获得,又或者在个人漫长的职业生涯中潜移默化地习得。例如与人交流的能力,某些人有可能天生性格内向,不擅与人交流,但通过不断练习,渐渐地学会如何清晰明了地表达自己的观点,如何流利地与人沟通,如何有效地处理人际关系,再加上一些特定的场景练习,也可以获得怎样与人交流的技能。

(4) 稳定性是指职业核心能力一旦获得,通常会贯穿从业者整个职业生涯,不会随着时间的流逝而被遗忘。随着从业者行业的转换到岗位的调动,内化为个人自身的习惯、方法等,有着相对的稳定性。

(三) 职业能力与职业核心能力

职业能力是指从事某种特定职业所必须具备的能力,它基于从业者专业知识与专业技能在个人一定生理与心理素质的基础上，在所从事职业中表现出来的一种综合能力。职业能力对应特定的职业，不同的职业需要不同的职业能力，因此职业能力是多种多样的，同时在应用上也是相对狭隘的。职业能力与职业核心能力是既密切相关又容易混淆的两个概念，两者既有区别又有联系。

第一，在范围上，与职业能力相比较，职业核心能力的适用范围较广。每个具体的行业、岗位，都有特定的职业能力相对应，因此它的种类多，然而适用范围却比较窄。而每个行业和岗位都存在普遍适用的一些特定能力，数量上比职业能力要少，但适用范围上却要比它广，这也就是大至每个行业，小至每个岗位，乃至于细化到每个人都需要的职业核心能力。

第二，在表现形式上，职业核心能力是隐性的，它不像职业能力，可以通过某一行业或者某一职业所需要应用的专业知识和专业技能等表现出来。职业核心能力是个人在长期的职业活动中，通过不断地内化、沉淀、升华所表现的个性心理特征，处于职业能力体系的内隐状态。

第三，在培养方式上，职业核心能力很难归类于某一学科或者某一专业，也不是单一的课程或技能训练，它不像职业能力，在某些方面可以通过短期有针对性的培训而获得相关专业知识和技能，从而在特定的岗位上加以应用。职业核心能力是要在长期的学习或工作中个人有意识地加以培养，并在日积月累的过程中逐渐形成的，是思维、价值、行为规范、处事方式在工作中的升华。

由此可见，两者又有着密切的联系。职业核心能力是职业能力形成和应用的条件，前者是后者构成中最基础和隐性的那一部分。同时，职业能力的拓展与延伸又能反作用于职业核心能力，使其得以提升和完善。因此，在职业核心能力的培养中，对于课程安排和教学过程必须有所侧重，避免混淆，以期切实有效地提高学生的职业核心能力。

二、学前教育专业的发展理念

（一）学前教育专业设置以市场需求为导向

1. 学前教育专业教学的重要依据

人才培养目标是学前教育人才培养的总原则和总方向，是开展学前教育专业教学的重要依据。人才培养目标具有人才层次的高级性，知识、能力的职业性，人才类型的技术性，毕业生去向的基层性等特点。随着社会经济的发展，学前教育专业从原来对人才基本技能的能力培养转向了以全面素质和综合职业能力的培养为目标。学前教育专业是阳光的事业，培养和造就的是为社会主义建设服务，德、智、体、美全面发展，具有大学专科水平，从事幼儿教育工作和家庭成长教育工作的专门人才。

2. 学前教育专业的定向性和针对性

学前教育专业具有较大的可变性和开放性，易受市场变化和经济结构调整的影响，这是因为高校教育培养的是高等应用型技术人才和管理人才。这类人才与一定区域的市场、职业、行业、产业等有着更直接、更紧密的关联，其专业具有较强的职业定向性和针对性。

（1）具有灵活性和适应社会的需求原则。现在的家庭把子女教育放在第一位，对孩子的教育越来越重视。经过社会调查，改革开放40多年以来，我国幼教事业发展迅猛，从国家到地方及个人，各种形式的幼儿园、幼稚园如雨后春笋般遍地开花，显示出它广阔的市场前景和发展潜力方面的巨大的产业优势。

（2）保证质量和结构最优先的原则。专业的设置要充分考虑人才培养的周期性，适应社会发展的需要，要调查区域的资源优势、支柱产业及发展方向，科学地预测人才需求，具有一定的超前性。专业设置的软硬件等必备条件必须满足专业设置的要求，形成专业结构综合优势，努力建设品牌专业，合理配置教学资源，加强师资队伍的建设、实验设备添置、实习基地建设，使学校的投资达到最大效益。提高教学水平，把学前教育的重点专业办出特色、创出品牌。

（二）学前教育专业要创新课程模式

学前教育专业人才培养计划的关键，在于根据专业人才培养目标构建课程模块和体系。围绕学前教育专业技术应用能力的形成，构建学前教育应用技术、技能训练与学前教育技术理论的教学体系，并建立以培养技术应用型能力为主线的教学运行机制，以转变教育观念为前提，根据市场行业需求及学前教育发展快速的特点，构建培养学前教育"技术岗位型"的新教学模式及运行机制，形成具有学前教育专业特色的教学模式。强调教育的针对性、应用性、实用性等特点，强化实践环节，建立以学前教育技能训练为主的理论教学与实践有机结合的教学体系。

1. 理论和实践并重的课程模式

课程模式是实现人才培养目标的重要环节，包括课程内容体系和课程结构体系。课程内容的更新整合与新课程的开发，需要紧密结合社会经济技术的发展，必须对应不同教育对象的教学目标进行。课程结构就是课程的组织与流程，反映教学的框架与进程。本专业改变传统学科型的课程模式，根据培养目标与基本要求设置课程。并根据本专业实践性强的特点，构建了以职业能力为核心的模块是学前教育课程体系。设计和实施"学前教育"综合课程模块体系，目的是全面推进素质教育，形成学科加模块、具有中国特色的"多元整合型"教育模式。

"多元整合"策略思想应包括：课程观的多元整合——多元互补、博采众长，建立以综合技术能力为导向的现代课程观；课程内容的多元整合——"知识""技能""态度"三要素中各个成分的多重、多种综合，选择有价值的现代课程内容；课程结构的多元整合——架构模块化、综合化、阶段化、柔性化、个性化相结合的课程结构。

"学前教育应用"综合课程模式是根据社会、市场、学生的需求，灵活运用多种课程开发的思路和方法，被广泛应用于高等职业教育众多专业的课程设置上，具有很强的实用性。因此，高等职业教育的课程设计必须要经过详细的职业分析，根据职业岗位的需要科学选择课程内容，淡化学科知识的完整性、系统性，删除理论性过强、过深且脱离社会实际的课程内容，及时补充职业岗位所需的新知识、新技术，使教学过程更加符合学生的认知规律，满足学生学习心理的需要，使学生能够学到丰富的知识，掌握熟练的职业技能，形成良好的职业道德。

"学前教育应用"课程模块的最终目的是要实现高等教育的培养目标。因此，"学前教育应用"综合课程模块的设计和实施要全面贯彻教育部的有关方针和政策，树立以素质教育为基础、以能力为本位的新观念，切实突出高等职业教育的特色。要以学生职业能力的形成为出发点，探索打破旧的学科知识体系，尝试将知识能力、素质结构按以职业能力形成为线索进行相互渗透、排列组合，最终形成体现能力本位的课程体系。

2. 培养学生综合素质的教学设计

近年来，随着教学的不断改革，学前教育专业的教学设计，体现以培养学生职业能力和综合素质为宗旨的教育观念，显示出实践教学过程与职业活动的内在联系，使高等职业教育更加贴近职业岗位的实践活动。我们通过深入社会企事业单位、学校、幼儿园等对教师、幼教工作人员等职业岗位或职业岗位群进行了周密的职业调查和分析。在职业分析方法上，通过采用横向集群的分析方法，实现了从单一职业、单一专业的分析转向整个职业群的分析，拓宽了专业面，适应了社会发展对复合型人才在知识、能力、素质等方面的要求，适应了学生将来在同一行业变换不同职业岗位的需要，为最终形成拓宽专业基础加强专业化培养方向的课程结构创造了条件。

由此可见，职业分析内容与方法的改进，明显提高了"学前教育应用"综合课程模块的针对性、有效性、实用性和工作效率。学前教育专业的学生毕业后主要从事幼儿教育工作，就业的岗位主要是企事业单位幼儿园、社区教育中心等单位。用人单位对他们的要求是：有事业心和责任感，具备扎实的专业基础知识，幼儿教育技术能力强，专业新知识吸收快，熟悉幼教方法，有良好的个人素养及具有与人合作的能力，能在幼儿教育管理与教学业务中发挥骨干作用。具体表现在以下方面：

(1) 及时了解学前教育行业的基本情况。主要包括基础教育的行业背景与基础，教育企事业单位的数量和规模、发展水平，对一线学前教育管理及应用型人才的需求以及学生个体需求等情况。

(2) 分析幼教职业岗位的实际需求与分布情况，确定幼教职业综合能力。幼教职业综合能力主要由专业能力、方法能力和社会能力三项要素组成。对有关专业进行职业综合能力的分析与分解，是高校专业教学中最重要、最具特色的一项工作。

(三) 学前教育专业的培养途径

培养途径是指人才培养过程中为完成特定培养目标或教学目标所采取的培养形式和创造的教学环境的总和。以培养适合生产建设管理、服务一线的应用型人才为主要目的的教育模式，是高校幼教人才培养最有效的、最基本的途径。因此，加强实训室和校内、校外实习实训基地建设，是高校教育办学特色的关键。

(1) 开展学前教育项目学习。在探索能力本位的实践学习中，根据学前教育职业岗位的实际需要和高校学生的能力要求，设计若干"全真"或"仿真"的职业任务，学习综合运用专项职业能力和适应职业环境的需求；在专项职业能力实践课程的学习中，设计系列的实践项目供学生学习。在项目学习的过程中，教师要根据具体的情况设计不同的教学策略，如"学工交替""现场情境教学""模拟仿真""综合实践项目双师导学"等学前教育教学形式。

(2) 编制《实践教学法学习指南》，指导学生开展自主学习。指导学生开展自主学习，使学生明确学前教育职业岗位能力要求，了解专业技能内容，有目的地引导学生按就业岗位的职业能力要求选择、设计学习方案是意义建构的关键。在《实践教学法学习指南》中明确了专业就业去向和职业能力要求，尽早为就业做好思想上的准备，面向就业需要谋划职业生涯的学习计划；明确了学生在实践教学法中的权利、责任；明确了实践学习班的程序、方法、内容；明确了学生在实践中如何参与教学活动、提出建议要求、提供咨询服务的途径和方法；明确了技能等级证书、职业资格证书的种类和取得的途径及实践技能考核的标准和方法。

(3) 加强实训基地的建设，创设职业情境。实训基地建设要体现实践教学改革的需要，服务于教学组织结构的变革，服务于课程学习内容和方式的转变，从职业性、整体性、开放性、先进性等方面提升建设者的水平。第一，职业性。实训基地建设力求体现职业的真实情境，建立模拟、仿真、全真的校内外实训基地。第二，整体性。实训基地建设要围绕职业能力目标和要求，建立能够适应完成多种实训基地项目和综合实训的校内外实训基地。第三，开放性。实训基地的建设要满足学生知识、技能主动建构和学生课余训练的需要，为学生自主学习、技能训练、发明创造提供条件。第四，先进性。实训基地建设在项目创设意义、手段、职业情境的设计等方面要体现职业的先进性。

（4）加强信息化建设，利用信息技术开展实践教学。实践教学法改革要以信息技术作为基础平台，通过信息技术的运用，实现教学组织结构、教与学的方法手段、课程内容结构的整合，并由此促进学习模式的转变；加强信息技术的学习，提高学生信息技术的应用能力；整合教学资源，建设数字化的学习环境，开发教师课程主页、计算机仿真软件，建设网上教学平台，开展网上交流、网上辅导、网上答辩等活动，培养学生利用网络自主学习的能力。

（5）提高教师的专业素质和实践教学能力。承担实践教学的教师，要具备相应的职业经验，具有与教学内容相一致的职业活动经历；具有能够提供反映实践教学目标要求的示范性作品、成果等；具有组织设计和实施实践教学、创造性地开展实践教学活动的能力。

（四）学前教育专业要突出素质教育

（1）实施"五个一"素质教育工程，强调学生综合素质培养。"五个一"即"一口好外语、一手好字及绘画、一篇好文章、一堂好课和一个强壮的体魄"，着力提高学生的综合素质，并通过课堂教学、专家讲座、校园网、闭路电视、校园广播、图片板报以及学生喜闻乐见的文体活动、演讲辩论、社团组织、社会实践等形式付诸实施，收到了很好的效果。

（2）外语专业化。专业外语化将外语掌握的程度高低作为检测学生基本素质的一个标准。实施"专业外语"策略，让学生掌握一门外语知识，同时让学生了解所学语言所代表的文化底蕴，为幼儿"双语"教学打下基础。

（3）强化学生技能培养，使每个学生都有一技之长。首先，将学生的学习效果与成才就业结合起来，增强学生学习的方向性、主动性；其次，着力培养一专多能型人才，缩短学校与社会的距离，实行多证书制度；最后，千方百计为学生搭建各种舞台，给学生的特长发展和素质锻炼提供机会。

（4）提高就业竞争力，构建职业能力评价体系。

1）评价目标。职业能力评价目标指向于个体知识、能力建构的学习结果，这些所要求的学习结果能够反映学生的能力水平。学生毕业由学校颁发记录学生能力水平的能力证书，为就业单位提供能力证明，提高学生的就业竞争力。

2) 评价标准。开设的校本《职业能力评价标准》采用标准参照评价，也就是说，评价时只将收集到的证据与能力标准相参照，而不与其他学习者的学习结果相比较，最终只是对是否具备相应的能力作出判断，而不是由评价人员给定一个百分等级分数。

3) 评价方法。根据目标多元、方式多样、注重过程的评价原则，综合运用观察、测验、课题教学、作品展示、论文答辩、自评与互评等多种评价方式。只是对学生已具备的能力进行描述、创新能力的评价。我们把学生的技能特长、创新创业活动等作为评价的内容，注重培养学生的创新能力。

第二节　学前教育中幼儿园课程分析

一、学前教育中幼儿园课程的认知

作为专门幼教机构的幼儿园，其教育目标的实现是通过有目的、有计划的教育活动实现的，即通过相应的课程而进行的，可见，幼儿园课程是幼儿园教育的心脏。因此，对幼儿园课程的研究是学前教育学的重要组成部分。

（一）课程与课程形态分析

1. 课程

迄今为止，关于课程的界定是见智见仁，很难达成共识，根本原因是每一种课程定义都隐含着某种哲学假设和价值取向，隐含着某种意识形态以及对教育的某种信念，从而标明了这种课程最关注哪些方面。对于各种课程定义的辨析，会有助于人们对课程的理解。

（1）课程的类型。关于课程的定义，大致上可归为五种类型："第一，课程即教学科目。可以指一个教学科目，也可以指学校的或一个专业的全部教学科目，或指一组教学科目。第二，课程即教学计划。它包括学校的教学范围、序列和进程，甚至教学方法和教学设计等。第三，课程即预期的学习结果或目标。学生在学校的安排与教师的指导下，为达成教育目的所从事的一切有程序的学校活动或经验。第四，课程即儿童在校获得的学习经验。指学生在与学校环境的相互作用中所形成的经验、体验、感悟。第五，课程即学校组织的学习活动。指在教师的指导下，学习者学习活动的过程。"[1]

（2）课程的表现。随着社会的发展，特别是教育研究和实践的发展与变化，课程被赋予了更为丰富、深刻的内涵和外延，主要表现在五个方面：第一，课程不仅包括静态的结构化、系统化的学科方面的知识，也包括受教育者动态的活动和在活动中吸取的知识技能及态度、情感、价值观等非学科方面的经验。第二，课程不仅仅是教育者有目的、有计划提供的知识经验，而且还包括课程实施中可能出现的各种教育影响和受教育者可能获得的不可预测的经验，即受教育者在教育机构中、在教师直接和间接指导下所获得的一切知识经验。第三，课程不再被看作是单向的教育者向受教育者传递的过程，而是师生双向互动的活动过程。第四，课程不再仅仅强调教育者是课程指导的主体，而且强调受教育者也是课程的主体，是课程学习活动的主体。第五，课程实施的工具或条件不仅仅是教材教具，也包括受教育者与之相互作用的其他教育因素，如：室内外装饰和设施、师生关系、校园文化、社区、家庭等整个教育环境。

2. 课程的形态

课程的形态与结构指的是课程的存在和表现形式。课程的本质决定着课程的形态，反之，透过课程的形态，又可以加深对课程本质的理解。常见的课程形态分类有以下五种：

（1）以教育目标和教育内容的性质为标准。可分为德育课程、智育课程、美育课程、体育课程、劳动技术教育课程等。

（2）以教育内容的性质和组织方式为标准。可分为分科课程（代数、几何、物理、化学、语文、外语等）、广域课程（指能够涵盖整个知识领域的课程整体，如健康、语言、社会、科学、艺术）、综合课程、核心课程、活动课程等。

（3）以学习经验的性质（学生心理发展的指向）为标准。可分为认知性课程（重在促进知识的获得和认知能力的发展）、情意课程（重在学生情感的陶冶、意志的磨炼、价值观的形成和个性的全面发展）。

（4）以课程决策的层次为标准。可分为理想的课程（由研究机构、课程专家提出的应该开设以及应该如何开设的课程）、正式课程（由教育行政部门规定的课程计划和教材）、领悟的课程（教师实际理解和领会的课程）、实行的课程（实际反映在教育教学过程当中的课程）和经验的课程（学生实际体验到的课程）。

（5）以课程影响学生的方式为标准。可以将课程分为显性课程和隐性课程。显性课程指的是学校情境中，以直接的、明显的方式呈现的课程。从计划的角度来看，显性课程是

---

[1] 柳阳辉. 学前教育学教程[M]. 上海：复旦大学出版社，2015：70.

有计划有组织的学习活动，学生有意参与的程度较高；从学习环境的角度来看，显性课程主要通过课堂教学传递知识来进行，从学习的结果来看，学生在显性课程中获得的主要是学术性知识。隐性课程（也称潜在课程、隐蔽课程）指的是那些在学校政策和课程计划中没有明确规定，但又实实在在地构成了学生在校学习经验中常规的、有效部分的教育实践。隐性课程具有潜在性、非预期性、不易觉察性和多样性等特征。

（二）幼儿园课程及常见形态

幼儿园课程是实现幼儿园教育目的的手段，是帮助幼儿获得有益的学习经验，促进其身心全面和谐发展的各种活动的总和。幼儿园所进行的一切活动，不论是专门的教学活动，还是幼儿自选或自发的各种游戏活动，以及幼儿的日常生活活动等，都是幼儿园课程的组成部分，都对幼儿的全面和谐发展起重要作用，幼儿园教师应全面兼顾，精心设计与指导，使幼儿在各种活动中得到真正的发展。

幼儿园课程的形态常见的有特殊分类和一般分类两种分类方法。一般分类标准与前面所述的课程形态分类标准一样。特殊分类有三种类型：第一，按其创立者或依据儿童发展理论的创始人的名字来命名的，如"蒙台梭利教育方案""皮亚杰早期教育方案"等；第二，以地名命名：瑞吉欧教育方案、银行街（Bank Street）等；第三，根据某种价值追求或教育内容、方法上的某种特色来确定名称的，如"行为课程""五指活动课程""学会学习课程""生存课程""多元智能课程""幼儿园建构式课程""幼儿园渗透式课程"等。

二、学前教育中幼儿园课程的目标

幼儿园课程目标是幼教工作者对幼儿在一定学习期限内的学习效果的预期，教育工作者对幼儿在一定学习期限内学习结果的预期，是幼儿园教育目的的具体化。课程作为教育教学活动，等同于具体的教育过程，因而课程目标是教育目标在教育过程中的具体化，它指明学习者通过课程的学习应该达到的程度。课程目标是课程其他要素的选择依据和标准，并对整个教育过程起导向作用。因此，课程设计的第一步，也是最关键的一步就是制定课程目标。

（一）幼儿园课程目标的根本依据

幼儿园课程目标应如何制定是幼儿园教师非常关注也必须厘清的问题。一般而言，儿童发展、社会生活和人类的知识是制定课程目标的依据，同时也是课程目标的来源。因此，要科学地制定幼儿园课程目标，就必须研究儿童、研究社会、研究人类的知识。

第一，国家关于幼儿园的教育目标。国家在关于幼儿园教育工作的文件中提出了幼儿园的教育目标，它是幼儿园制定课程目标的根本依据。

第二，幼儿的身心发展规律和特点。幼儿园课程目标是要通过幼儿的学习落实到幼儿的发展上的，因而幼儿的身心发展规律和特点直接限制着幼儿园课程目标。当然，在把幼儿的身心发展规律和特点作为课程目标制定依据的同时，必须考虑教育促进幼儿发展的功能，从教育促进幼儿发展的可能性来制定课程目标。每个幼儿的发展水平和特点是不同的，因此，应为不同幼儿制定不同课程目标，特别要注意为特殊幼儿制定个别化课程目标。

第三，人类知识。研究人类知识能够帮助幼儿更好地认识自然、认识社会、认识自己，因此知识是课程不可缺少的组成部分。儿童应该学习哪些知识，学习这些内容有哪些意义，往往也取决于这些知识自身的结构、表现形式、抽象程度以及蕴含的教育价值等。

（二）幼儿园课程常用的目标表述方式

课程目标可以从不同角度来表述。最常用的目标表述方式有以下两种：

（1）从教师的角度表述，指明教师应该做的工作或应该努力达到的教育效果。例如自然科学领域的教育目标是：①激发儿童对事物的好奇心，透过主观的观察、分析和发现，培养研究开放的态度；②引导幼儿与大自然接触，发展儿童的观察能力；③培养儿童对动、植物的爱心；④帮助儿童认识人类与自然界的关系，并关注生活环境；⑤帮助儿童发展解决疑难的能力。

（2）从幼儿的角度表述，指明幼儿通过学习应该达到的发展状况，上述自然科学的教育目标也可以从幼儿的角度表述：①对事物有好奇心，学会观察、分析和发现的方法，养成开放的研究态度；②积极主动地与自然界接触，观察敏锐、细致；③关心与爱护动、植物；④认识人类与自然界的关系，并关注生活环境；⑤增强解决疑难的能力。

目前，多数人主张从幼儿的角度表述，以促使教师的注意力向儿童转移，克服以往教育中教师较多注意自己"教"的行为，而忽略幼儿的"学"和"学的效果"的倾向。

三、学前教育中幼儿园课程的组织与实施

课程组织指的是为了使幼儿获得有益的学习经验，必须对各种课程因素包括教育内容、活动、材料和环境、教育者和学习者的互动方式等加以编排、组合、平衡，以使课程活动有序化、结构化、适宜化，从而产生最优的教育效应、最大化实现课程目标的工作，促使课程向幼儿的学习经验转化。在课程实施的过程中，教师可通过开展不同类型的活动

来实现课程目标。就幼儿园开展的活动而言，包括日常生活活动、游戏活动、教学活动、区域活动，以及专门开展的其他活动，如节日活动、参观活动、亲子活动、家长开放日活动等。

课程组织与实施涉及的因素较多，主要探讨以下方面：

(一) 制定幼儿园课程计划

制定幼儿园课程计划，指依据课程目标、对一定时段内的教育工作，系统地进行设计和安排。

从"幼儿园课程是帮助幼儿获得有益的学习经验，促进其身心全面和谐发展的各种活动的总和"这一认识出发，我们认为，幼儿园里一切能对幼儿的发展产生积极作用的各种活动都应尽可能地纳入课程计划中。因此，幼儿园的课程计划应该包括以下方面的内容：教师有计划、有目的地设计和组织的教育活动；幼儿自由选择的活动；一日生活活动；幼儿的学习环境；家长工作和与社区的联系等。

依据课程目标的层次，课程计划可分为以下四种类型：学年计划、学期计划、月（周）计划、日计划及具体活动计划。

(1) 学年计划。学年计划是一个整体性的规划，一般由园领导组织有关教师集体制定，学年计划是在分析各年龄班的课程目标、对全园的教育资源做出统筹安排、考虑全园全年重大活动的基础上，对各年龄班全年的课程范围和进度做出计划。

(2) 学期计划。学期计划由班级教师共同制定，它是依据学年计划而制定出的学期课程目标和学期各月（周）的活动安排。实质上它是对全年计划按学期进行划分。

(3) 月（周）计划。月（周）计划同样是由班级教师共同制定，它是在学期计划的指导下，订出月（周）的教育要点，并将教育教学活动安排在月（周）内的每天当中。如果采用"主题综合课程"，则由主题计划代替月（周）计划，即学期计划的下位便是主题计划。主题计划要订出主题所需时间、主题活动目标、教育环境创设的要求和内容、每天的主要活动安排等。

(4) 日计划。日计划包括一日活动的安排和活动设计，也是由班级教师共同制定。日活动安排是对一天的各个具体时段上的活动做出安排。这种安排一般要注意以下方面：各种类型的活动综合考虑、平衡安排；遵循动静交替的原则；尽量减少环节的转换，并使用相对稳定的一日日程表以形成制度。

（二）归纳幼儿园教育的途径

幼儿园教育具有多途径的特点，我国幼儿园教育的途径归纳起来，至少包括以下方面：

（1）教学活动，即教师专门组织的教育活动。教学活动是狭义的教育活动，它指的是教师按照明确的课程目标和课程内容，有计划、有组织、循序渐进地引导幼儿获得有益的学习经验的一种教育途径。无论课程内容是以哪些形式组织的，这里我们都把它称为教学活动。相对而言，教学活动具有目标明确、内容精选、计划性强、教师的组织指导作用明显等特点。这类活动的主要作用在于帮助幼儿获得新知识、新技能，并能整理、扩展、提升幼儿的已有经验。

（2）游戏。游戏是幼儿最感兴趣、最能发挥并发展其主体性的一种活动形式，游戏在幼儿身心全面发展中的价值与功能是不言而喻的，所以，游戏应成为幼儿园教育的基本途径。

（3）日常生活和常规性活动。日常生活和常规性活动，指的是教师专门组织的教学活动和游戏以外的幼儿在园的所有活动，包括幼儿的各种自由交往、户外玩耍等。幼儿园的教育目标和内容中有很多是通过日常活动和生活环节完成的，尤其是幼儿的文明卫生习惯、生活自理能力以及一些社会行为规范方面的目标和内容。特别是考虑到幼儿教育的养成教育的性质和该类活动占幼儿在园时间的比例，日常活动与生活应该成为幼儿园教育的一个重要途径。

（4）学习环境。环境是一个重要的教育途径，它的教育作用是潜在的，同时又是无处不在的。环境会说话，能影响儿童的行为、态度和情绪，进而影响其个性特征。因此，创设与教育相适应的良好环境，这个良好环境既包括物质的，也包括精神的。优美整洁的院落，宽敞安全的场地，明亮温馨的活动室，教育价值丰富的操作材料，和蔼可亲的老师……都在不知不觉地陶冶着幼儿的心灵，实现着其他教育途径所不能实现的教育目标。

（5）家园合作。幼儿的发展是幼儿园、家庭、社会多方面教育影响力"汇合"的结果。家庭和幼儿园是幼儿生活、学习的主要场所。幼儿的发展可以整合从两种场所所获得的学习经验的结果。家园合作，可以使来自两方的学习经验更具一致性、连续性、互补性：一方面，幼儿在园获得的经验能够在家庭中得到延续、巩固和发展；另一方面，在家庭获得的经验能够在幼儿园学习过程中得到运用、扩展和提升。因此，为实现幼儿教育的目标，我们应该树立"大教育"的观念，与家庭建立起新型的合作伙伴关系，相互尊重、相互支持、真诚合作。同时，家长与教师之间的密切伙伴关系，会使幼儿产生安全感、信任感，形成参与社会生活的积极态度。

（三）分析幼儿园教育活动的组织

从学习者参与活动的规模来看，幼儿园教育活动的组织可分为集体活动（全班活动）、小组活动和个别活动。

（1）集体活动。我们把全班活动称为集体活动，其特点是全班幼儿在同一时间内做基本相同的事情，活动过程一般是在教师的组织和直接指导下进行。当把这种组织形式运用于教学时就是集体教学。集体教学的最大优点是效率高（当然，这是有条件的），也有利于培养幼儿的集体感和纪律性。然而由于幼儿人数多，个体差异大，难以照顾到每个幼儿的需要，也难以让每个幼儿积极参与，加上幼儿的学习特点是往往需要较多的感官参与，也需要较多的相互交流和感情支持，集体活动难以满足。因此，集体教学这种组织方式有一定的适用范围，但不是所有的情况下都适合。适合与否，应当根据教学目标、内容以及幼儿学习该内容的特点来确定。例如，当全体幼儿都对某个学习内容感兴趣、该内容的学习也不需要有过多的直接操作（如讲故事）时，集体教学的优越性才能显示出来。

（2）小组活动。幼儿园的小组活动可以是教师有计划安排的活动，可以是教师组织指导的活动，也可以是幼儿自发的活动。小组活动的最大特点是为幼儿提供了和同伴、教师交谈、讨论、合作和分享经验的机会，同时更容易让幼儿主动积极地操作材料，并可以按自己的速度和方式去做所要求做的事。教师有目的有计划地组织指导的小组活动，常常被称为小组或分组教学。

（3）个别活动。个别活动可以是由一个教师面对一两个幼儿进行指导，也可以是幼儿的自发、自由活动。教师的指导一般在幼儿自选活动时间进行，教师作为同伴参与到幼儿的活动中去，与个别幼儿互动，或是针对个别幼儿的特殊情况，进行专门辅导。

（四）选择幼儿园教育活动的方式

幼儿园教育活动的指导方式有很多，每种方式都各有其特点、功能和使用范围，可根据需要灵活选择，具体探讨以下主要方式：

1. 直接教学的方式

直接教学表现为教师直接、明确地传递教育意图。这是一种明确、简捷、有序、迅速的教学方式。幼儿在其中的学习基本上是一种接受学习。

直接教学在以下情况下多为教师所采用：第一，对幼儿进行人类优秀文化传统的教育，使幼儿能在短时间内获得人类用漫长时间创造的大量精神财富；第二，社会的观念、行为规范、约定俗成的规则等的教授，让幼儿能更快地适应社会生活，向社会要求的方向发展；第三，必需的社会知识或概念，与健康生活有关的安全、卫生等常识，周围环境的有关信息的传递等，不仅使幼儿能高效率地获得比较系统的有条理的知识，不必事事由自己去亲自尝试，而且还能免遭尝试可能带来的危险；第四，某些技能的传授，如工具、物品的使用方法的讲解和指导。

另外，直接教学主要是借助于语言讲解进行的，不太符合幼儿的学习特点，对幼儿情感的发展、认知经验的获得、动作技能的形成效果不佳，也较难发挥幼儿的主体性、培养他们成为主动的学习者。因此有较大的局限性，不宜滥用。运用时要特别注意直观性原则，并与间接教学方式相互配合。

2. 间接教学的方式

间接教学是教师通过适当的中介，迂回地传递教育意图的方式。教育意图不直接通过教师，尤其是不直接通过教师的语言而借助于教学环境的中介作用传递给幼儿，是间接教学的最大特点。间接教学中幼儿的学习方式以发现学习为主。

在间接教学中，幼儿可能意识不到教师的意图，感觉不到"学习任务"，但只要他们进入了教师精心创设的教学环境，在其中游戏，主动而自主地操作、探索、交往，那么，就会在不知不觉中获得教师希望他们获得的学习经验，向着教育目标规定的方向发展，这种方式使教育十分接近幼儿的生活，甚至与幼儿的生活完全融合在一起，所以显得特别自然。在这种情况下，无意学习、发现学习是幼儿运用的主要学习方式。

间接教学经常借助的中介环境有两类：物质环境和人际环境。

第一，以物质环境为中介，主要表现为把教育意图客体化为幼儿可以直接接触、摆弄、操作的材料环境中的物质材料，并提供适宜的活动空间，诱发幼儿与物质环境的互动，通过各种活动使之获得关键性的学习经验，以达到预期的教育效果。

第二，以人际环境为中介，主要是把每个幼儿、每位成人都既视为学习的主体，又视为教育的资源。交往中，每个人的行为都可以被他人认识、理解，每个人也都可以认识、理解他人；每个人都可以形成对他人及其行为的看法、态度，每个人也都可以感受到他人对自己的看法、态度。与此同时，幼儿逐渐通过模仿、同化、强化等学习方式，获得一些基本的社会态度、社会知识、社会技能，形成对人、对事、对己的情感态度和行为方式。

3. 支架式教学的方式

"支架"一词原本指建筑行业中的"脚手架"。在这里，它是一个比喻，形象地探讨了教师与儿童之间在最近发展区内有效的教学互动：儿童的"学"就好像是一个不断建构着的建筑，而教师的"教"则像一个必要的"脚手架"，支持儿童不断建构自己的心灵世界。

从这个比喻中可以看到，支架式教学首先肯定学习是一个主动的过程，儿童的原有经验和发展水平是学习的基础。同时，为了确保学习的有效性，教育者必须不断提出挑战性任务和提供必要的支持，并帮助儿童不断从借助支持到摆脱支持，逐渐达到独立完成任务的水平。这里，设置问题情景，提出具有挑战性、能引发幼儿新旧经验之间冲突的任务，引导幼儿意识到问题和冲突，并提示解决问题的线索，便成为教育者有效的支架行为。

总而言之，各种教学方式都有其适宜的应用场合与条件，它不仅与幼儿的学习方式和特点有关，也与教学的目标和内容相关联，一种教学方式在不同的情况下效果可能会有很大的不同。因此，衡量一种教学方式应用得是否合适，关键是看能否促进幼儿主动而有效地学习。而且，多种教学方式的结合与互补，是比较适宜的。

第三节 学前教育中的课题选择与设计

一、学前教育中的课题选择

（一）课题选择的原因

第一，学前教育实践。在学前教育实践中寻求研究课题是课题产生的主要来源。一般可以从幼儿教育工作中遇到的难题、被忽视的问题及日常观察发现的问题等方面进行认真思考，如多动儿童、双语教学、混龄教育、特长教育、生态教育、园本课程等方面的课题研究都是解决教育实际问题的有意义的课题。

第二，教育理论文献分析。通过查阅和评价研究文献选择课题，应从以下方面特别注意和思考：已有研究文献中忽略研究的一些问题；发现研究结果中相互矛盾的内容；已有研究在方法学上存在的问题如研究工具存在严重不足，变量控制不适当等；根据研究文献对现有的某些研究进行必要的重复；科学理论中推导出来有待验证的假设问题等。

第三，教育科学规划课题。为促进学前教育的发展，适应社会发展对学前教育发展的需要，全国教育科学规划办和中国学前教育研究会等国家教育行政部门、科研机构、学术团体都提供了相关的选题。这些课题指南往往具有现实性、紧迫性、理论性和前瞻性。

（二）课题选择的价值

第一，课题能反映整个研究的价值。选择和确定研究课题是一项完整的研究工作的开端，它决定着研究工作的方向和研究工作的性质。充分地确定问题是研究过程展开的必要条件。课题选择应有其理论价值、方法价值、决策价值、实践价值，如当前围绕幼儿素质教育展开的目标体系、教学模式、课程体系、教学评估的研究，对于总结幼儿教育实践经验、丰富幼儿教育理论、指导幼儿教育工作就有着积极的意义。好的课题能极大促进教育实践与理论的发展。

第二，课题反映研究的方向，具有引导作用。确定了研究课题，也就确定了研究的主题，课题的研究对象、研究范畴、研究主题的界定、研究设计与实施等整个研究工作由此发展，并围绕其进行。

第三，课题对整个研究工作质量的进行具有制约作用。课题作为研究之起点，启动着整个教研的机制，制约着教研的进程和方式。学前教育研究中，不同的研究课题，研究方法、研究工具等都不尽相同，资料的收集和利用存在着差异，研究的可行性不同，导致研究的质量也不同。

（三）课题选择的类别

第一，理论性课题和应用性课题。理论性课题主要指有关教育规律的探索，方法论研究，某些教育观念、教育思想的分析，有关现象的特点揭示等。如农村幼儿园文化建设研究；学前教育与经济发展的关系研究；陈鹤琴学前教育思想研究；我国幼儿教育的战略地位研究；学前教育教师专业化发展研究等。应用性课题是在教育理论指导下，以改进学前教育实践活动为目的，针对学前教育的具体实践，为解决某一具体问题而进行的研究，如某幼儿园教师队伍建设现状分析及提高的五年计划研究；某幼儿园语言教学经验的总结及推广研究；幼儿园家庭早期教育工作指导模式研究；民办幼儿园管理体制研究；广东省民间游戏的整理与运用研究；幼儿园园本课程开发研究等。

第二，综合性课题和单一性课题。综合性课题主要指同时涉及教育若干领域或若干方面内容的课题。如某城市学前教育综合改革研究；幼儿园园长培训规律与管理制度研究；提高幼儿教师专业发展研究等。单一性课题主要指对某一方面或某一现象进行探讨。如幼儿教师成长路径研究；幼儿语言教材教法研究；幼小衔接课程现状调查研究等。

第三，实验性课题和描述性课题。实验性课题是通过实验设计来实现研究目的，揭示现象之间因果关系的课题。如美术教育与幼儿情感发展关系研究；音乐教育同幼儿心理健康发展关系研究等。描述性课题是通过调查研究、资料分析、逻辑推理等手段实现研究目的的课题。如幼儿户外活动攻击性行为的观察研究；幼儿家庭教育现状的调查研究等。

（四）课题选择的特点

1. 课题的创新性特点

课题的创新性主要体现在内容上，当然，并非一切研究必须是前无古人的，实际任何研究都是在前人研究与实践的基础上进行的。可见，将某种理论、某种观点应用到实际中是创新；将在某一领域得到应用的理论，用到一个新的领域也是创新；运用新方法，寻求新角度探索别人研究过的问题也是创新。课题也可以是别人还没解决或没有完全解决的问题，具有较高的价值。如"学前儿童全脑型体育教育的实验研究"对于开发幼儿运动与智力潜能，培养全脑型人才具有重要的实践、理论价值。研究者要加强情报工作，掌握学前教育发展的新动态，提高鉴别能力，善于发现新情况和新问题。研究者还要到不同学派激烈争论的领域、研究的空白区、学科交叉边缘地带、实践提出迫切需要的方面去选题。

2. 课程的科学性特点

课题的科学性是指选题在充分占有资料的基础上形成的，有事实依据或以科学原理为依据，课题的表述符合一定的规范。课题要从教育实际出发，解决教育中的实际问题，而课题的理论基础对课题本身起着定向、规范、选择和解释的作用。没有一定理论基础的课题，其研究的价值就会降低。如要选择幼儿园课程设计研究课题，就要先阅读联合国教科文组织编写的丛书、我国教育类中文核心期刊和《教育大辞典》，了解影响我国幼儿园课程设计的几种主要理论（如福禄贝尔、杜威、蒙台梭利等），以及过去和当前国内外课程改革的主要思路，通过对历史、现状的分析，对他人研究成果和各方面资料的收集、整理和分析，对自己园内外各种因素综合分析的基础上，经严密的科学论证才能形成课题，保证课题的科学性。

3. 课题的可行性特点

课题选择必须充分考虑自身完成的主客观条件。客观条件包括研究资料、设备、时间、经费、技术、人力、理论准备等方面的条件；主观条件指研究者本人原有知识结构、研究能力、研究兴趣、基础、经验、技术专长等。幼儿教师研究要具有可行性，使课题顺利完成，可以从下面几方面考虑：

第一，课题与自己的本职工作结合紧密；课题是自己感兴趣的；课题已积累了一定的资料信息；有相关专家的指导与咨询；幼儿园领导与同伴的支持；个人有一定的时间支配等。

第二，初次从事研究的研究者应选范围较窄，内容较具体，难度较低，结合教育、教学实际，有可利用的条件或成果的课题。经验丰富者应选难度较大、综合性较强的课题。

4. 课题的道德性特点

课题的道德性是指课题研究不会对幼儿心理与生理造成伤害，也不能对自然与社会环境造成影响，要遵循科学研究的道德准则。如不要强迫儿童当研究被试；要儿童做研究被试必须征求其父母或监护人的同意；要保守儿童要求保密的研究信息；不要随意对儿童做心理测试并公开测试结果等。

二、学前教育中的课题设计

（一）课题申报书的主要内容

全国或各省课题申报在内容上都有一定的要求，但大都大同小异。一般而言，主要包括以下内容：

（1）项目负责人、主要参加者情况：主要对负责人、主要参与者的学历、职称、研究专长等进行一定的了解。

（2）课题设计论证：主要内容有研究课题核心概念的界定；研究课题国内外研究现状述评、选题意义及研究价值；课题的研究目标、研究内容、研究假设、主要观点和创新点；课题的研究思路、研究方法、技术路线和实施步骤；课题负责人近年来的前期相关研究成果；课题论证的主要参考文献（两类限填20项）。字数通常要求3000或4000字以内。

（3）完成课题的可行性分析：研究者已取得与课题相关研究成果的社会评价（引用、转载、获奖及被采纳情况）；主要参加者的学术背景和研究经验、组成结构（如职务、专业、年龄等）；完成课题的保障条件（如研究资料、实验仪器设备、配套经费、研究时间及所在单位条件等）。字数限1500以内。

（4）项目负责人正在承担的其他项目。课题组人员科研时间安排合理；课题人员在同一部门申请不要超过2项（含参与项目）。

（5）项目负责人和主要参加者已有与本项目相关的主要研究成果。

（6）预期研究成果：主要包含阶段性成果和最终成果，并且对成果数量有一定的限制。通常是论文、著作、报告形式表述。填写时要注意以下几点：结果与目标相吻合；目标不要太多，否则结题时太被动；目标一般2~5项为宜；最终成果为论文、著作、研究报告，不要是论文集。

（二）课题论证的具体撰写

1. 课题研究价值的论证

首先，阐述课题研究的（现实）背景，即根据哪些内容与启发而进行这项研究，因为任何课题研究不是凭空来的，都有一定的背景和思路。不少课题前期都有相关的实际调查作为研究背景。

其次，阐述此项研究的目的和意义，即为何要研究，研究的价值是什么，解决哪些问题等，如课题"幼儿园幼儿特长班缘由的研究"就是根据现实生活中，很多家长有一个"要让孩子赢在起跑点上"的育子观念、幼儿园特长班火爆的现象以及现代社会就业竞争对专门人才有着特殊的要求而产生的。然后从理论和实践上进一步说明课题研究价值的表现，指出研究本课题的紧迫性，通过研究可以解决幼儿园特长办班中的实际问题，完善、突破、矫正幼儿特长教育与管理理论。

2. 课题研究目标与内容

课题研究目标是指通过一定方法或手段解决相关问题，达到预期研究的目的。一些课题研究者在研究目标时存在的主要问题是目标较大，因此撰写中要做到有限目标，即研究内容要适度，目标要与研究内容相呼应，要抓住关键，要阐明研究中拟解决的关键科学问题；要重点突破，要求一个研究项目能在有限目标的基础上，真正解决一个或几个关键的科学问题，真正有一点突破，取得所期望的进展和成果；要力求创新，研究内容必须有学术上的创新，要在前人和自己工作基础上有所发现、有所发明、有所前进，提出或完善新的理论、新学说、新方法，解决没有解决的问题。

课题重点是课题要解决的主要问题。课题难点是拟解决的关键问题，指课题的关键之所在，问题得到解决之后，课题就可以顺利开展下去，而不至于卡壳。所以，需要在随后的研究方案部分给出解决关键问题的方案和对方案思路的可行性分析。重点与难点的分析能突显研究的特色和价值。

课题创新是指研究特色和新颖的学术思想，指有别于他人的学术思想或思路。课题申报者在该课题研究领域中与国内外同行所不同的方面，即前人未曾有过的新学术思想、新理论、新的研究方法、手段或应用性结果，它们应从课题的立论依据、研究内容、研究方法与手段、技术路线及实验方案与创新点中提炼出来。创新之初可能是技术和方法层面上的，最好是一种思路上的新理解，以独特的角度看旧的问题，或者提出新问题，避免罗列似是而非的东西。因此，创新之初既要切合实际，又有所发挥，要用肯定的语气。创新的程度取决于研究者自己的想象力能否比别人走得更远。不少申报者动辄用填补空白来表达，实际上填补空白不是创新，更非特色，填补空白往往属于跟踪研究。

3. 课题研究的可行性论证

课题研究能否完成取决于课题负责人和课题参与者的主客观条件。因此，进行可行性论证就要说明课题组的特色和优势、全体成员所具备的学术水平，研究基础与研究能力，介绍过去相关的研究成果以及积累的研究经验和受过的学术训练，还要交代课题组占有的物质准备情况和所在单位的支持力度等。通过介绍使专家对课题组的研究完成可能性进行准确的评估。如在课题组成员资料介绍方面，尽量坚持"内联外引、分工合作"的原则，通过介绍课题组成员让专家衡量课题组成员的水平是否能完成课题任务。一般而言，课题研究强调是集体研究。如果课题组是两三个人，是很难研究出高水平的成果，难于出精品。这就要求课题组成员的结构要合理，注意成员的学历搭配、职称搭配、年龄搭配和单位搭配等，能形成梯队当然最好；人员分工要合理，考虑到成员的专业特长与学科特长，充分展示课题组成员的各自优势与实力。

（三）课题申报书的规范填写

填写好课题申报书是课题申报成功中的重要环节。课题申报书的填写一方面取决于申请者本人的学识水平；另一方面还取决于申请书的规范填写。因此要填写好课题申报书，就要注意做好以下几方面工作：

（1）认真阅读有关文件，申报课题符合资助范围和有关政策规定；认真选择申报学科专业，以便同行评议和终审顺利通过。

（2）申请书语言规范，表述准确，要严格按申请书具体要求和依据提纲撰写；忌答非所问、简单模糊、表述凌乱；要整洁清晰、句子通顺；忌粗糙潦草、语句不通、错字连篇。

（3）书写工整，栏目齐全，内容详尽，实事求是。

（4）手续完备，责任落实：申报课题要落实责任制，做到申报者负责，单位监督保证手续完备；申报者签名及课题组成员亲笔签名；合作单位签署同意合作意见并盖章；单位填写保证课题完成条件及同意申报意见并盖公章、负责人签字。

（5）填完后多读几遍，请其他同行审读，提出修改意见。

第三章 学前教育专业学生职业能力培养

第一节 学前教育专业学生职业能力培养的意义

一、利于提升学生的就业竞争力

高等职业教育对于"以就业为导向"[①]这一培养目标的片面理解使得学校在人才培养的时候过于看重学生的专业知识与专业技能，因而在课程设置、教学内容、课后实践等方面不断强调技能的锻炼，从而忽视了学生其他能力的培养。此外，用人单位需要的并不仅仅是拥有某一岗位专业技能的"技工"型人才，而是能在多个岗位之间轮岗的"技能"型人才。劳动供需关系的结构性错位，使得宏观上的劳动资源供过于求，很多劳动者的技能素质结构与用人单位需求不相匹配，因而出现人才过剩、用人单位却人才紧缺的奇特现象。很多用人单位都意识到，聘用职业核心能力发展较好的劳动者，在某些岗位人员紧缺的情况下，可以相对容易地填补岗位空缺。反之，如果劳动者只有对应岗位的专业知识与技能，在岗位进行不断调整与整合后，很难适应新的工作需要和未来愈加难以揣测的变化。

随着学前教育的不断发展，社会对幼儿园师资要求也逐步提高，这既是高校学前教育专业学生的机遇，同时也是他们的挑战。求职就业是高校学前教育专业学生进入工作岗位的第一步，也是个人职业生涯极为重要的第一步，求职者在面对面试官的时候，展现自我的第一次机会往往不是演示专业技能，反而是展现个人综合素养，具备与人交流、与人合作、解决问题等能力的求职者显然会更受到用人单位的青睐。因此，职业核心能力的培养

---

①苏卫涛. 高职学前教育专业学生职业核心能力培养研究［M］. 长春：东北师范大学出版社，2016：16.

有利于学生提高就业竞争力。

二、体现对学生可持续发展与全面发展的重要影响

经济的持续高速增长带来了产业结构前所未有的变革：很多传统的产业在不经意间慢慢消失，取而代之的是一批又一批新的职业以超出人们想象的速度和形式出现在人们的生产和生活之中；在高新技术的冲击下，信息与计算机技术的应用使得很多传统职业的内涵得到了提升，新的管理理念、生产方式和社会消费方式等也促使了许多职业功能的分化和整合，许多职业形态没有改变，但内在工作方式、功能以及技术等都发生了翻天覆地的变化。人们也不再从一而终地从事一份职业，除了因为新职业的产生提供给劳动者更多的就业机会外，还因为很多职业消亡使得劳动者最终选择转行。职业变换和岗位流动不仅是出现在同一单位同一部门，也出现在不同单位甚至是不同行业，频繁的岗位变动对劳动者的能力提出了更高的要求：既要有完成现任岗位的胜任能力，也要有岗位变更和调整的适应能力，也就是要有可持续发展的能力。而在学校中养成的职业核心能力，既是可持续发展能力，也是一种可迁移的、普适的能力，将会让学生们在其一生的职业生涯中永远受益。

从人的发展层面来看，高等职业教育首要的是生存就业教育，接着是适应岗位变迁教育，最后是实现个人高远目标的教育。要想在人才济济的同行中脱颖而出，从而达到个人职业生涯的制高点，专业知识与专业技能虽然不可或缺，但职业核心能力却显得更为重要。学会学习的能力能让从业者根据工作要求快速地掌握所需的知识与技能，使从业者无论在任何岗位都能迅速适应岗位的工作；沟通交流能力可以运用现代知识与技术获取分析信息形成书面或口头陈述，与人会谈或谈判，与不同层次的人保持联系与建立关系，有利于工作的顺利开展和发展人际关系；问题解决能力则可以让劳动者从容应对纷繁复杂的职场世界，等等。在校的职业核心能力培养让学生在积累知识与技能的同时，也促使学生做好了素质、能力等方面的准备，为将来顺利走上工作岗位并成为职场赢家奠定了坚实的基础。因此，无论学前教育专业学生将来从事本专业工作或是转行，职业核心能力对其职业生涯的可持续发展与个人能力的全面发展都有着深远影响。

第二节 学前教育专业学生职业能力培养的构成要素

在职业核心能力的分类研究中，有学者把其分为社会能力和方法能力两种，主要是根据职业核心能力的内涵进行分类。为了使学前教育专业的职业核心能力内容更为清晰明

了，按其含义将其分为学习能力、方法能力、社会能力、思维能力、心理承受能力，并在此基础上对每一项职业核心能力的要素进行阐释，使职业核心能力在培养过程中所要达成的目标更加明确。

一、学前教育专业学生学习能力的培养

学习能力是学前教育专业学生职业核心能力构成的关键。无论是学生在校教育阶段顺利地完成学业，还是工作后进一步接受教育，学习能力对学生的进一步发展都有着至关重要的作用。通常而言，学生学习能力的养成意味着学习者拥有系统观察、分析与质疑的能力，以及对新知识和新技能保有好奇心并热衷于学习的良好习惯。学前教育专业学生毕业后走上工作岗位，工作上接触最多的是拥有好奇心、活泼好动的幼儿，不断学习是幼儿园教师增值自身的有力保障，也是幼儿园教师工作得以顺利开展的前提条件。学前教育专业学生学习能力主要包括以下两方面：

第一，学生要学会自我学习，形成批判反思的习惯。在学校学习的几年时间里，如何合理分配时间，对学前教育专业有更深入和系统的了解，在有限的时间里尽可能地汲取知识、获得技能，关键要看学生自我学习能力。除了学校规定的语文、英语、计算机、政治等基础课程，学前教育原理、学前教育史等专业课程，手风琴、绘画、手工等艺术技能外，为了对将来的工作对象有更深入的了解，学生应该选择性地学习一些学校没有纳入专业设置但又与将来工作息息相关的课程。例如，基础医学知识、管理学等，甚至为了应对突发事件，更好地照顾幼儿，传染病、常见病、外伤简易处理知识也应该稍有涉猎。学习能力在学生获取知识方面表现在，知道如何学习，用相对少的时间积累相对多的知识，并能熟练使用学习技巧和策略获取新知识。在积累知识的同时，也要拥有批判精神，对教师所教的内容要学会思考，进行反思，从而不断扩充自身知识库。

第二，理论与实际相结合的能力。作为一名幼儿教育教师，必须具备实际的动手能力。为幼儿创设健康、优美的生活环境，这就涉及如何布置班级；而让幼儿快乐玩耍的同时也能学习，要看如何组织班级活动等。幼儿教师必须学会把所学知识应用到实际的工作中去，因此，学习能力不仅表现在知识的获得上，同时也包括技能的习得与应用。

二、学前教育专业学生方法能力的培养

方法能力主要是指学生通过已掌握的手段、方式、方法等，去解决生活与工作中所遇到问题的能力。方法能力是作为一种辅助性能力而存在的，主要包括三方面：外语应用能力、信息处理能力以及数字应用能力。

外语应用能力，一般指学生能够熟练掌握英语的听说读写，并会用英语阅读外文文献，进行相关分析，对国外学前教育的相关成果进行学习吸收与应用的能力。作为幼儿教师，还必须能用英语进行流利的"双语"教学，间隔性地用英语组织日常的教学活动、生活活动以及游戏活动。也就是说，除了自身掌握外语的应用能力外，还必须把外语应用到教学工作中去。

信息处理能力，广义上指运用计算机信息处理技术对信息进行获取、加工、处理、应用、传递等的能力。信息处理能力不单是计算机操作能力，更多的是信息收集、分析、处理、呈现与交流的能力。对于学前教育专业学生而言，信息处理能力包括四个方面：一是获取信息的能力，对信息进行定义，确定搜索范围，并运用询问法、阅读法以及电子手段等进行搜索；二是整理信息能力，即对搜索到的信息内容进行选择、收集、辨析，同时整理并保存；三是传递信息能力，对整理的信息通过书面或口语的方式进行传递，或者通过计算机或其他电子手段对信息进行传输；四是展示信息的能力，即用图文图表等对信息进行展示，或者用演说传递信息，用多媒体和计算机等辅助展示信息等。学前教育专业学生在教学过程中，还要对所获得的信息进行去伪存真，并结合实际情况对所收集的信息进行有选择性的展示，以期达到教学目的。

数字应用能力，是指根据实际工作和生活需要，运用数字应用的知识和技能获取数据，读懂数据，并将数据进行归纳整理的能力。具体包括：从不同信息源获取相关数据信息；读懂图表上的数据；对数据进行分类汇总；编制统计图、统计表、坐标图、示意图、流程图；选取适当的方法展示信息和计算出来的结果等。数字应用能力是工作和生活中最基本、最实用的能力。

三、学前教育专业学生社会能力的培养

社会能力是一个人在社会的人际交往过程中需要用到的各种能力，可以借以构建个人社会关系，增强社会责任感，从而更好地为以后的生活和工作服务。社会能力主要包括沟通交流能力和与人合作能力。

（一）沟通交流能力

沟通交流能力是指个体在事实、情感、价值取向和意见、观点等方面采用有效且适当的方法与对方进行沟通和交流的能力。作为学前教育专业学生，将来工作的对象是幼儿，沟通交流能力显得尤为重要。概括而言，可以从四方面进行界定：交流的对象、交流的目的、交流的方式、交流的手段。在工作对象上接触最多的是幼儿园的学生，因此在方式和

手段上也必须有所侧重。幼儿的语言能力还没成熟，交流方式也就不局限于口头述说，还可以通过肢体语言、表情等促使幼儿获取教师传递的信息，同时在教学上也可以通过播放图片和动画等手段来加强与学生的沟通。除了注重与幼儿的沟通交流外，学前教育专业学生还应注重口头陈述能力（与家长、同事的沟通；做演讲等）、书面陈述的能力（如发通知、写报告）等沟通交流能力的提高。

（二）与人合作能力

与人合作能力是在生活和工作中逐渐形成的一种与别人相互合作、相互促进、共同发展的能力。具体包括以下方面：

（1）正确认识自我，尊重关爱他人。部分人有可能是自我中心者，也有部分人可能有着自卑、懦弱、蛮横、自大等不同性格，这些人与人合作的能力有可能稍显薄弱，不能正确处理自身人际关系。作为学生，要充分认识自我，不欺负弱小，尊重关爱他人；同时，性格懦弱者也应该进行自省，充分认识自身缺点，并尽量克服与他人交流合作的恐惧，进而完善自我。

（2）对他人的做法与观点等持正确的态度。同一件事情有可能不同的人持有不同观点，与人合作必须接纳别人观点，才能把一件事情做得更加完美。当然，别人的意见或观点与自己相矛盾时，也不应该横加指责，而应委婉表达劝说。

（3）学会宽容、忍耐、谦虚礼让等做人美德。具有较强合作能力的人，是会倾听别人意见、凡事宽容忍耐的人。幼儿园教师是个需要极度耐心与宽容的职业，很多时候对于家长的误解需要耐心地倾听，宽容地对待，教师与家长是孩子成长过程中必不可少的重要角色，通过彼此互相配合合作，从而达到家长希望教育好孩子的同时，也使教师获得更深层次的职业感悟的双赢局面。

四、学前教育专业学生思维能力的培养

思维能力是对实际问题运用方法能力进行分析整理，使得感性材料转化为理性认识，同时形成自己的一套理论并有所创新，最终解决问题的能力。主要包括解决问题的能力和创新能力两方面。

解决问题的能力是指在实际工作中发现问题并提出具体解决方案，最终解决问题的能力。一方面，在幼儿园工作中，有必要强调利用自身的认知与知识去解决现实问题中的跨学科性质问题的能力。例如，幼儿在游戏活动中的摔伤，送院前有没有做好一系列急救措施，有没有应对医护人员到来前处理突发情况的能力；是否具备幼儿在幼儿园中的伙食涉

及的营养学问题等。另一方面，在游戏活动中进行随机应变的实时教育的能力。幼儿教育并没有特定的课程，也没有硬性规定的上课时间，幼儿园对幼儿进行看护照顾，提供玩耍场所，并进行一些简要的知识启蒙。在这样的前提下，幼儿的教育机会是随时随地发生的，例如，很多时候幼儿会发生打架现象，这样的问题常见但不容易解决。很多时候幼儿园老师认为阻止了幼儿的一次打架就是问题的解决，但实际上还会经常发生。因此，打架的时候要对幼儿进行适当的教育，教会他们友爱同学、谦让朋友，从而在根本上阻止幼儿打架问题的发生。作为幼儿园教师，问题是随时会发生的，解决问题的能力是重要的，同时也是必不可少的。

创新能力主要指思维开阔、敢于想象、不囿于条条框框，能把新思想应用到新事物并制造出新事物的能力。作为幼儿园教师，对于幼儿具有的丰富想象与大胆构想应当进行引导与鼓励，充分激发幼儿的创造力。因此，在引导幼儿的同时，教师也必须具备创新能力，创新教学内容，创新教学方式，走在教育教学前沿。

五、学前教育专业学生心理承受能力的培养

心理承受能力是指拥有自信心与良好的心理素质，并能适应环境、承受挫折的能力。幼儿教师是一种特殊的职业，教学的对象是幼儿，因此在工作上必须付出极大的耐心与细心，同时也面对着来自外界的监督。在这样高强度的工作压力下，决定着幼儿园教师必须拥有健康的心理素质，可以承受住来自社会、家长等方方面面加诸身上的无形压力，这也就突出了教师心理素质的重要性，要求教师必须具有乐观开朗的性格、积极进取的精神、饱满的工作热情、坦荡宽广的胸怀、融洽的人际关系以及正确的角色认知，在工作上要有敢于创新的精神、善于接受新知识与新事物的能力、自我情绪调控的能力以及勇于面对挫折的勇气，这些都是幼儿教师必须具备的良好心理素质。

随着幼儿教师工作强度的提高、分工的细化、压力的增大，教师的心理健康也越来越受到人们的重视。无论是传统社会还是现代社会，人们对教师的知识水平与道德素质都提出相当高的要求，这也对教师的职业心理增加了一定的外在压力。从新闻媒体中频频曝光的教师体罚幼儿、殴打幼儿、虐待幼儿等一系列非人性化的行为中可以看出，相当一部分幼儿园教师存在着一定的心理问题，其心理健康状况也令人担忧。因此，作为幼儿教师，必须要有健康的心理素质以及良好的心理承受能力。

第三节　学前教育专业学生职业能力培养的方法与途径

一、定位培养目标

职业核心能力的培养是一个系统过程，而培养目标的正确定位对培养体系有导向作用，是人才培养的前提条件。学前教育专业的定位是培养面向各类学前教育机构，学前教育基础理论知识扎实、艺术功底深厚、教学技能纯熟、职业心理素质良好的幼儿园教师。人才培养的总目标是通过职业核心能力的培养，在了解职业核心能力基本知识的基础上，重点掌握其基本能力，通过岗位实践转化为岗位职业能力，并达到提升学生的就业竞争力，提升学生的职业核心能力，提升学生的职业生涯可持续发展能力的目的。其可以在具体的人才培养中进行细分，包括解决问题能力培养目标、学习能力培养目标、与人合作能力培养目标、数字应用能力培养目标、信息处理能力培养目标、与人交流能力培养目标和创新革新能力培养目标。通过细分培养目标，使得人才培养更加明确、具体，同时具有针对性与可操作性，最终达成人才培养的总目标。

在学生职业核心能力的培养过程中，通过把学前教育专业技能渗透到核心能力培养当中去，使学生对职业核心能力有更清晰的认识，同时也对职业核心能力的培养目标有更明确的把握。这样，在学生学习专业知识与专业技能的同时，也促进了学生职业核心能力的提升。

二、优化课程设置

（一）加大实践课程的比例

学前教育专业学生毕业后是以服务幼儿教育事业为宗旨，面向各类学前教育机构，成为具有良好职业素质、扎实学前教育基础知识、扎实艺术功底和良好教学技能的幼儿园一线教师。因此，实际工作中更多需要的是实际动手能力以及发现问题和解决问题的能力。然而学生所学的经验和知识很多时候处于隐性状态，需要学生被动"激活"才能得以体现和应用，也就是需要学生的实际动手操作进行实践融合。职业核心能力的培养，最好的第一平台是高校的实训基地。但目前部分高校依然把大部分的时间和资源投放在理论教学上，忽视实践方面的锻炼，无论是受"学科本位"思想束缚还是本身没有条件进行实训基地建设的，都间接减少学生的实践机会，使学生只掌握理论知识，缺少理论与实践相结合，无形中影响了学生职业核心能力的培养。

另外，要培养学前教育专业学生职业核心能力，通过大量的实践是很好的实施方式。例如在完成布置幼儿园室内环境的任务时，学生通过实地观察、设计方案，与同学进行相互交流，最终确定方案并合作动手进行方案实施，从而解决问题完成任务。从中可以看出，学生在实践的过程中，用到了沟通交流、彼此合作、信息处理、问题解决等能力，在不断的实践中，学生的职业核心能力得以应用，长此以往就会有所提高。因此，在课程设置上，必须使得理论课向实践课有所倾斜，增加实践课程的比例，加强学生职业核心能力的培养。

（二）渗透职业核心能力的培养

职业核心能力的培养需要以课程作为依托，通过把职业核心能力渗透进学前教育专业的相关课程中，达到职业核心能力培养的目的。

第一，在理论课程上进行职业核心能力的渗透学习。例如，《儿童意外伤害预防与急救》《幼儿园活动场地设计与布置》在让学生学习了急救措施与场地设计布置的同时，在一系列急救和场地布置与设计遇到问题并设法解决问题的过程中，也无形中提高学生的问题解决能力；《幼儿园课件制作》《大学计算机基础》在课件制作、计算机知识应用的过程中，让学生获得了数字应用与信息处理能力；《幼儿园活动设计》《手工》在创作中锻炼了学生的创新革新能力；《心理健康教育》为学生的良好心理素质打下基础。通过一系列课程的学习，潜移默化地让学生的学习能力得到锻炼。可以看出，每门课程都存在职业核心能力的影子，但是如何使职业核心能力在课程中更好地体现，需要教师的积极引导。因为在课程中，职业核心能力是隐性存在的，同时也可以很好地渗透到课程中，没有教师在教学过程中刻意地进行引导，学生在很多时候会将其忽略掉，从而错失锻炼职业核心能力的机会。教师在课程中渗透了职业核心能力的培养，长此以往，学生在教师多次的引导下，在遇到其他课程的时候，会自然而然地把课程中渗透职业核心能力这一观念带入到新的课程中，达到良性循环。而教师在不断地引导学生进行职业核心能力锻炼的同时，也会提高个人的教学能力，且无形中自我职业核心能力也会得以升华。

第二，在实践课程中加以锻炼。学生在理论课中形成了职业核心能力的培养意识，并在一定程度上摸索出自我学习的方法。而实践课程就是要把理论课中所学应用到实际中去。通过校内幼儿园情景模拟，或者是校外幼儿园实习，把职业核心能力渗透到工作中去，从而达到职业核心能力培养的目的。

（三）创设职业核心能力的相关课程

核心能力的培养虽然是贯穿于每一门课程、每一项实践中，但对于学前教育专业学生而言，仅仅夹杂在普通的课程与实践中学习是不够的，要想对职业核心能力有更深入的了解，还必须有一定专门的训练时间。因此，在普通基础课程学习期间，学校必须配合开设职业核心能力课程，使学生能够充分掌握职业核心能力的训练方法，以便更好地结合各种行为活动与专业技能对核心能力进行学习。

另外，为了配合学校对职业核心能力培养工作的开展，人力资源与社会保障职业技能鉴定中心专门对职业核心能力的培养出版了除"创新能力"和"外语应用能力"以外的六项职业核心能力培训教材，如"与人交流能力训练手册""解决问题能力训练手册""信息处理能力训练手册"等。"创新能力"与"外语应用能力"被排除在外，是因为创新能力在实际工作或生活中考验的是个人思维的发散与开阔，在具体解决问题中都会有所涉及，而外语应用能力则是很多学校都开设有外语课，如大学英语、综合英语、法语、德语等，都有专门的教材。教材从易到难、从低到高分为初、中、高三级，循序渐进，学习者的能力也可以有一个渐变过程，该系列教材的出现填补了职业核心能力培养教材上的空白，对职业核心能力的培养有着积极的意义。学校在开设职业核心能力课程的时候，可以将其作为参考，结合学校的需求和专业的特色进行有关课程的开设。当然，在课程占用课时方面也需要注意，因为教材的使用规定每一项职业核心能力的训练课时不得小于30课时，对于学校的人才培养而言并不可取，因此要结合实际情况斟酌所开课程的课时，做到基础综合课、专业课、技能课、核心能力课合理分配时间，齐头并进。

三、加强实践教学

（一）提升实践教学的比重

实践是锻炼学生职业核心能力的有效途径，因此高校在人才培养的过程中，一方面要提高实践知识在课堂教学中的比重。教师在编写教案时，应该更多地采用实践案例或者场景教学，以此提高教学的趣味性，帮助学生最大限度地吸收掌握新知识。在实践案例上，教师可以适当摘取时下最新的关于学前教育的案例，无论是发生在社会上的还是在幼儿园中的，通过口述或者视频的形式展示给学生，然后教师分析案例的细节，结合学前教育相关知识模拟解决案例中的问题，促使学生理论与实践相结合，更好地把所学知识应用到实践中去。而场景教学则通过教师设定一个教学场景，给出任务在特定场景内进行展现。学生分组进行方案的设定，然后通过场景的展现完成教师给出的任务，从而在实践中夯实基础。另一方面要提高实践课程在教学计划中的比重。高校应该适时地进行教学改革，对学前教育专业理论课程与实践课程的比例进行一定的调整，加大实践课程的比例，给学生更多的动手实践机会，提高学生的实际动手能力。

（二）提供学生的实践机会

第一，提供学生模拟教学的环境，让学生实际体会教学过程。在实训中，通过模拟真实的幼儿教学场景，从而达到职前培训的目的。一开始由教师对幼儿教学场景进行示范，也可以通过视频直观展示，教师通过指导学生如何进行教学以及指出相关注意事项，为学生接下来的模拟教学做好铺垫。教师演示完后，学生自行进行设计"模拟教学方案"。为了最大程度还原幼儿园环境，学生分为教师模拟和幼儿模拟两组。教师模拟者进行教案撰写、活动设计，并根据教案进行活动准备；幼儿模拟者主要扮演幼儿园的学生，配合教师模拟者的教学。等双方展示结束，教师对场景进行评价，同时学生之间也可以进行相关的心得交流，促进教学能力的提高。一轮展示结束，学生可以进行角色轮换，教师模拟者与幼儿模拟者互换，开始新一轮的教学展示，如此一来，多次的交流学习更容易发现问题，同时也提高个人教学能力。

第二，组织学生去幼儿园见习，实地观摩幼儿教师的教学过程。在学校已有模拟教学的基础上，组织学生到幼儿园进行实地学习，通过学生自行观察幼儿的情况、幼儿园教师的教学过程，从而把观察所得与自身所学进行对比，找出自身不足与所长，扬长避短，查漏补缺，完善教育教学技能。

（三）保障学生的实践条件

学生的实践活动需要大量的条件保障，政府、学校必须从资金、技术、场所、设施等方面提供大量的支持，才能保障学生的实践活动得以顺利进行。目前，很多高校都设有实训楼和实验室等提供学生动手实践的场所与设施，但是学前教育专业的模拟实训场所却很少，这使得学前教育专业的学生在校期间的实训教学难以落实，同时也不利于毕业生的岗前培训。从场所、设施这两方面看，学校可以模拟真实的幼儿园环境设立若干个实训教室，在场所的布置上也要突出幼儿园的环境，体现出趣味性、教育性的要求。教室的细节上也要遵照真实幼儿园的标准，卫生间、就餐区、游玩区做好细致的规划分布，力求还原幼儿园的环境氛围，方便学生在实训的时候快速融入真实的工作场所。为了保障场所与设施的顺利运转，政府和学校应该加大资金上的投入，用以设备的更新维护、技术的引进等。

四、创设校园氛围

(一) 营造丰富的校园文化

学校作为人才培育的场所，对学生能力与品质方面有着潜在的熏陶作用。良好的校园文化作为一种隐性课程，对学生的良好行为习惯与能力养成有着巨大的作用。而职业核心能力的培养只有从观念上改变，形成一个注重核心能力培养的氛围，职业核心能力的培养才能拥有良好的外在环境。

学校应该对职业核心能力的培养进行一定的宣传，从而使职业核心能力的概念深入人心，形成全校重视的培养氛围。同时，学校还可以适当地举行一些学术活动、艺术比赛等引导学生职业核心能力的发展，如歌唱比赛，在锻炼学生的组织管理能力、沟通交流能力的同时还能促进学生之间的人际交往；微视频大赛，让学生在视频准备、制作的过程中无形间提高自我的信息处理能力、数字应用能力等。在这样潜移默化的过程中，学生自然而然地应用了核心能力，做到从做中学、从玩中学的良好循环。

(二) 支持学生的创新行为

无论是创新思维还是创新技能，对于职业核心能力的培养作用都是巨大的，因为一个人在进行创新的过程中，往往会综合应用其他的能力，如沟通交流能力、与人合作能力、解决问题能力等，从而导致其他的能力都会得到相当的锻炼。然而，目前我国的高校对于学生的创新行为支持力度不大，很多学生空有创新的想法却不能付诸行动，导致很多新思维湮灭在脑海中。长此以往，学生的创新意识变得越来越薄弱，创新也成为一纸空文。

五、变革教学方法

随着科技的日新月异，计算机技术以及多媒体技术的不断革新，教师的教学方法也日益丰富。为了有利于学生职业核心能力的培养，教师应该在传统教学法的基础上，灵活采用多种教学方法，如行为导向教学法、项目教学法、案例教学法等，让课堂的内容变得丰富多彩，积极调动学生的学习兴趣，使学生通过主动参与提高职业核心能力。

行为导向教学法与项目教学法对提高学生职业核心能力都有着极大的帮助。随着教学方法的不断完善，很多教师对于教学甚至不再限制在固定的课室内，实验室、实训室、车间等都能成为教师授课的地方，通过实际动手演示、讲解，学生对所学知识与技能有更直观的认识，从而加深学生的学习印象。而在授课结束后，教师布置给学生相应的任务，让其在规定时间内完成，能在很好地巩固学生所学知识的同时增强学生的动手能力，对核心能力的提高有着重要作用。例如，学前教育专业中的手工制作课，教师在讲述完相关的内容后布置学生手工任务，把学生分成若干小组，每个小组合作完成一个手工物品，老师交代完注意事项和任务要求，在规定时间内学生课后完成。这样的项目教学法使得学生在项目过程中锻炼各种职业核心能力。

职业核心能力的培养可以采用多种教学方法，行为导向教学法、项目教学法、案例教学法是其中的几种，教师还可以在实际操作的过程中将现场教学、小组学习等多种教学方法结合在一起进行综合运用，促进学生职业核心能力的提高。

另外，在教学活动中为了引起学生的学习兴趣，使学生在课堂上集中注意力，教师在授课的过程中应该应用不同的方式进行课程内容的阐释。从传统的黑板粉笔的教学到投影、幻灯，再到多媒体的应用，教学手段逐渐多样化。然而，教学手段的多样化需要资金的投入，很多学校因为经费不足或者场地受限、教师不会用等原因，没有应用现代化的教学手段进行教学，致使一部分采购设备在学校被闲置，又或者出于应付检查的原因偶尔才会使用，从而浪费教学资源。为了提高教师教学质量，现代教学设备的应用是大势所趋，教师应该自我更新教学手段，学习不同的现代化教学手段的应用，从而提高学生的学习兴趣和加深学生对知识的理解。

课堂的教学一般可以采用以下方法：一是幻灯、投影等光学手段；二是远程教学、有线电视等图文视听手段；三是3D模拟图电子图文。多样的教学手段相结合，能有效提高教师的教育教学质量，提高学生的学习效率。

六、建设师资队伍

（一）拓宽师资引进渠道

学校应该拓宽师资引进渠道，多方引进人才，壮大师资队伍。

首先，减少应届毕业大学生的教师选聘人数。作为高校而言，需要的是既能教给学生理论知识和专业技能，又熟知学生毕业后工作诉求的"双师"型教师。作为刚从高校毕业的大学生，对于自身工作尚有一定的盲目性，更无从对所教学生进行一定的职业指导，实际工作中需要的职业核心能力还在摸索中，对学生的职业核心能力培养更是无从谈起，因此应减少应届毕业大学生的师资比例。

其次，应多方引进与培养专业带头人。引进与培养有丰富幼儿园实践经验和广泛社会资源的专业带头人，同时，积极争取选派专业带头人参与各种学术会议与进修，到幼儿园进行顶岗锻炼,参与幼儿园教学、管理和科研等活动。这类教师的存在能很好地带动专业发展,同时,也能把工作中所遇到的问题对学生进行解答,从而使学生更好地了解将来的工作岗位需求,让学生在学习上能有针对性地改进,为将来的毕业工作做好更充分的准备。

最后,培养骨干教师。每年选送骨干教师到幼儿园顶岗挂职锻炼,同时派教师到示范高校学习先进理念,扩大教师视野。同时,也要鼓励教师参加"蒙氏""育婴师""营养师"① 等培训与考核。

(二)优化教师自身能力

教师作为传道授业解惑的存在,除了要有深厚的学识外,自身的素质和能力也必须达到一定的高度。另外,对于新引进的应届毕业大学生,理论知识扎实但实践动手能力薄弱,自身能力体系有待完善,基于这样的情况,学校可以对新进教师采取进修的方式增强教师动手实践能力和职业核心能力的培养。同时在寒暑假的时间,也可以安排教师到幼儿园、幼教机构等进行学习,了解行业最新动态与新技术,提高自身实践能力。例如学前教育专业教师可以到幼儿园进行参观实习,通过实地观察、参与工作,深入了解幼儿园教师的工作,同时对发现的问题及时找幼儿园教师进行解答,加深对本专业教育教学的了解,提高自身教学质量,增强自身核心能力。学校也可以定期开展师资培训班,为教师们提供一个交流学习的场所,让教师得以更新知识,了解国际前沿科技成果,交流教育教学心得,提高自身职业核心能力。如此一来,教师的整体素质有了提高,同时也为学生职业核心能力的培养奠定了坚实的基础。

七、改革评价机制

(一)总结性评价与形成性评价的结合

在学生的学习中,动手实践能力的要求很高,同时在学习的比重中占比也很大,如何全面综合地评价学生,是教师教育教学中很重要的一个环节。"能力"没有办法像具体的知识那样,通过罗列题目得出确切的分数,更多地要依靠教师在与学生平时相处时,对学生在平时的练习、动手实践等进行评价,也就是使用形成性评价或叫发展性评价。学生职业核心能力的培养需要形成性评价的参与,通过形成性评价,使学生逐步认识、发展、完

---

① 苏卫涛. 高职学前教育专业学生职业核心能力培养研究[M]. 长春:东北师范大学出版社,2016:47.

善自我，并不断地调整自我学习目标。而教师也可以通过教学目标的调整，促使学生不断进步，从而达到教学目标。当然，对于一些基础课程和专业课程，总结性评价仍然是最好的选择。如此可以对学生在一个阶段内的学习成果有一个整体性的把握，有利于教师对下一阶段教学计划的顺利实施。从职业核心能力培养而言，能力的提高与否，最好通过形成性评价来完成。从评价内容来看，形成性评价不仅仅关注学生的学习成绩，同时更多地关注心理素质、道德品质、解决问题的能力、沟通交流能力等全方位的发展，更有利于职业核心能力的提高与培养。

（二）对学生职业核心能力培养进行全面评估

在职业核心能力培养中，除了评价方式上要注重总结性评价与形成性评价相结合外，对学生的自身能力方面也应该进行多方面的评估。首先，对于在校学习的知识与技能进行总结性的评价，这是学生自我学习能力的其中一个方面。同时，教师在平时教学活动中，对学生的动手练习与实践等进行形成性的评价，涉及方面包括解决问题能力、创新革新能力、信息处理能力、沟通交流能力等。其次，由实习单位对学生的职业核心能力进行评估，通过学生在实习期间的表现，对学生职业核心能力方面进行一个全面评估。最后，还要对学生心理素质、职业道德等作出一定评价。通过多方面的综合分析反馈结果，对学生的表现作出综合性评价，好的方面予以表扬，鼓励再接再厉，不好的方面进行指导培训，如此反复下来，学生的职业核心能力将会得到全面提高。

第四章 学前教育专业幼儿园教师职业能力培养

第一节 幼儿园教师教育教学能力培养

一、幼儿园主题课程网络图设计的能力培养

教师的职业能力是指为保证教师任务和角色完成所需要的知识、灵敏和态度，主要是由认知能力、教育能力和职业技能三个层面构成。"由于工作性质及职业的角色特点，幼儿教师必须具备多元化的职业能力，在幼儿师资的培养过程中，幼儿师范学校需要顺应幼教岗位对人才的能力要求，突出专业技能训练和实践应用能力的培养"[①]。

主题课程网络图是幼儿园在以"主题综合课程"开展教育教学活动的背景下，教师根据某一主题活动的开展构建课程进展的脉络，以放射状网络图的形式呈现课程的内容结构。幼儿园主题课程网络图设计能够帮助教师把握课程的框架，有利于教师对主题活动的范围和内容做初步的思考以及幼儿可以获得哪些有益经验，做到心中有数。目前，幼儿园教育活动大多以主题综合课程的方式进行，主题课程网络图的设计是幼儿教师的一项重要工作内容，也是幼师需要实践学习和逐步掌握的一项职业能力。

(一) 幼儿园主题课程网络图设计能力培养的意义

第一，有助于幼师了解幼儿的心理特点。幼儿园主题课程网络图设计要符合幼儿身心发展特点，与幼儿的兴趣、年龄特征、认知方式相一致，满足幼儿全面发展的需要。幼师在设计主题课程网络图时，对不同年龄层次的幼儿，设计的考虑维度和情形是不同的，需

---

①朱凯利.学前教育专业实训指导书(第2版)[M].西安：西北大学出版社，2019：31.

要根据各年龄班了解幼儿的兴趣和认知特点，在考察幼儿经验和需求的基础上呈现课程内容。

第二，有助于培养幼师的逻辑思维能力。由于招生生源的特点，目前师范院校大多数幼师的语言逻辑思维能力普遍偏弱，这对他们的后续发展，特别是专业化成长会带来一些障碍。主题课程网络图所包含的项目、内容是按一定的层次和关系排列的，网络图的设计要求幼师充实和扩展自身的有关认识，然后进行分类、归纳、提炼和演绎，这有助于培养幼师的语言逻辑思维能力。

第三，有助于培养幼师教育活动设计的理念和能力。教育活动设计是幼师核心的职业能力。例如，广东东莞市幼儿师范学校的幼师是从二年级开始学习五大领域教育活动设计的，但实践锻炼的机会并不多。主题课程网络图设计有助于幼师了解幼儿园课程内容的编制方式，明确每个教育教学环节中的主题概念，学会根据幼儿生活经验和知识背景组织与拓展主题活动，培养教育活动设计的理念和能力。

（二）幼儿园主题课程网络图设计能力培养的阶段

幼儿园主题课程网络图设计的培养可分两个阶段进行：

1. 超学科式主题知识网络图的设计

超学科式主题知识网络图的设计阶段的培养主要是针对幼师一年级和二年级上学期的学生。由于幼师一年级学生刚刚入校，对幼儿园课程编制方式不甚了解，不可能贸然进行主题课程网络图的设计，同时根据幼师一年级的教学安排，如《自然科学》《社会科学》《幼儿心理学》等科目的学习为他们设计主题知识网络图奠定了相应的知识基础。

主题知识网络图一方面围绕的主题一般是教师根据幼儿培养需要，从幼儿园常见主题类型中选择的。在活动主题确定以后，学生要结合幼儿心理特点、能力特点确定年龄班，编写"主题背景""主题意义"。主题背景要说明为何选择这个主题，比如是依据季节、天气的变化，或幼儿生活环境的改变、特点，或幼儿认知能力的增长，或幼儿身体的生长、发育，或幼儿的兴趣，或教师已有的教育计划，等等。主题意义要体现该主题活动所要达到的教育目标。

另外一方面是围绕主题设计知识网络图。学生需要将与主题相关的知识经验全部调动起来，然后经过归纳整理、交流讨论，在这些知识点间建立起某种联系，并以"网状"的形式将这种联系直观形象地呈现出来，形成预设的主题知识网络图。具体步骤如下：①让学生准备若干张小纸片，在每张纸上写出与主题相关的、自己能想到的有价值的知识点。②将这些知识点归类，为每一类设定一个标题（即次级主题）。如果次级主题太多，可将相似的类别再次归类和命名。③学生间交流讨论，对各次级主题及内容加以整理和充实。④绘制主题图，以主题为中心将各次级主题及内容用直线放射状绘于纸上。

2. 学科式主题课程网络图的设计

学科式主题课程网络图的设计阶段的培养主要是针对幼师二年级下学期和三年级上学期的学生。例如，学生在学习《幼儿教育学》和接触五大领域教育活动指导法之后，对幼儿园的课程编制和五大领域教育活动目标及内容有了初步了解，在此基础上，就可引导学生进行主题课程网络图的设计。

二、幼儿园集体教育活动设计的能力培养

集体教育活动是幼儿园教育活动的一种重要形式，它不仅是解决幼儿园师幼比问题的有效途径，也是促进幼儿有效发展的方法之一。理想的集体教育活动可以实现师幼互动，实现幼儿的有效学习以及教育内容的整合。对于一次成功的幼儿集体活动而言，如果说活动目标定位是方向，那么活动设计就是实现目标的载体。合理的教育活动设计是活动顺利完成的重要保证，它能够在教师的教和幼儿的学之间架设一座桥梁，促进每个幼儿富有个性地发展。由此可见，提高教师的教学设计能力尤为重要。幼儿园教师要提高教育活动设计能力，可以从以下方面着手：

（一）强化理论学习

第一，开展理论培训，加深对教育设计内涵的理解与认识。缺乏理论支撑的教学是随意的，缺乏理论指导的实践是盲目的。系统的学习能够使教师加深对教育活动设计内涵的理解，树立正确的教育教学理念，以理论指导实践，剖析问题，解决问题，从而逐步提高教育活动设计能力。以《幼儿园教育指导纲要（试行）》精神为宗旨，从各领域的核心价值、目标与内容入手，掌握学科特点；从幼儿园活动设计的内涵、作用、方法步骤、设计策略入手，来理解理论内涵，奠定理论基础。

第二，改变学习方式，加深理论积淀。在幼儿教师的学习生涯中，听和记是最主要的学习方式，教师的学习方式无非是听讲座、学习理论书籍、参加观摩活动，这些方式都是比较被动的。教师只有改变学习方式，成为主动的学习者，变被动参与为主动内化，才能提高活动设计能力。幼儿园可以经常开展"我读书，我思考"活动，定期将融入前沿教改理念、理论性较强的文章推荐给教师，倡导"读有独特见解的文章，写有深入思考的读书笔记"，积极推动大家关注教改，涉猎各种观点，学着用心去思考、理解、辨析它们的实质与精髓；引导教师边学边用，使先进的教育理念成为教师提高活动设计能力的基石。

(二) 案例对比分析

案例来自教育实践中的真实故事，是蕴含着教育理论的典型事例，能集中反映教师在教育实践中遇到的问题、矛盾、困惑以及由此产生的想法与对策。不同的人对同一案例可能会有不同的解读，因此，它非常适于交流和探讨。可以将案例探讨作为提高教师活动设计能力的重要策略之一，精心挑选典型的、针对性强的案例，组织教师分别对目标制订、内容选择、教学方法、重难点等进行对比分析，如对"装沙子""大桥设计师""甜甜的招呼""我们的心儿跳跳跳""我的小书包""小蛇排队"等活动，分别从目标制订、内容选择、重难点突破等方面提出问题，使教师在问题的引领下，在各种观点的交锋中，开阔思路，打开眼界，发现问题，找到差距，获得方法，明确教学设计的方向，拓展教学设计的视角与深度，缩短理论与实践之间的距离，从而真正理解教学设计的原理与原则，集体教学设计能力也能由此得到提高。

另外，进行案例教学时要注意三个方面：①要兼顾不同年龄段的幼儿园教学案例。②要深度观察。组织职前教师认真观察案例中教师的教学设计，认真感受教师是如何激发幼儿的兴趣、如何合理安排教学时间、如何进行各环节的过渡与转换、如何引导幼儿思考等。③要分析研究。组织职前教师对教学案例进行分析、讨论，关注教师的教学能力是如何表现出来的。"分析教师在教学前、教学实施中的一些表现，同时记录自己的感受和困惑，根据自身需要进行模仿和修正"[①]。

(三) 加强体验感悟

在教育实践中，有时会出现教师对幼儿原有经验认识不足，教学设计重难点找不准，教学方法不能很好地支持幼儿的学习等现象，其原因在于对幼儿的学习特点、学习方式缺乏认真的思考和研究，对学科特点掌握不准确，对知识理解不到位。

第一，教师要学着换位思考，去理解幼儿的想法，体验个体差异，懂得为何要尊重幼儿，以提升教育观念，转变教育行为。

第二，集体设计教育活动可以使教师体验学科特点，认识关键经验，进一步研究教材和幼儿的学习方式，研究教法与学法。通过体验感悟，反观幼儿在创作中的问题，感悟幼儿在创作中的重难点，了解幼儿的学习特点、个体差异及材料的适宜性。

第三，教师针对体验到的教学重难点寻找解决策略，并将其运用到各环节中，为幼儿

---

① 薛萍. 论幼儿园教师职前教学能力的培养策略 [J]. 吕梁学院学报, 2014, 4(1): 65—67.

的学习提供支架。

加强教研使教师重新认识了自己的教育对象。在设计教学活动之前，教师一定要研究教材、研究幼儿；让幼儿学习哪些内容、做哪些事情，教师要亲身体验、感受要教的内容及其难点、关键点，感受材料的适宜性；教师要关注和研究幼儿，了解幼儿的原有经验、现有水平、学习特点及需求，真正站在幼儿的角度体验幼儿在活动中的感受，尊重个体差异。教师通过研究幼儿的学来确定自己的教，多方面地为幼儿的学习搭建由浅入深、由易到难的支架，由此也使自己树立正确的观念，提高教学设计能力。

（四）创设辨析活动

辨析活动是指教师在原有认知的基础上不断探索、实践、发现、验证、吸收、同化各种新信息，从而建构、形成自己的教育理念，实现教学智慧的升华，提高教学设计研究能力的一种策略。

首先，针对同一教学内容进行研究，对一些共性的、争议性强的问题进行归纳，提出需要大家辨析的问题；其次，教师针对需要辨析的问题进行实践研究，寻找解决问题的途径和理论依据，明确自己的观点；再次，观点相同的教师结组，对问题再次进行深入研究，验证本组的观点；最后，根据不同的观点将教师分成两个组进行辩论分析，双方不但要阐明本组的观点，说明理论依据，还要以实例说明情况，证明本组的观点。

三、幼儿园集体教学活动组织的能力培养

集体教学活动是幼儿园教育活动的一种重要形式。目前，集体教学活动中存在以下问题：

（一）活动内容的选择

活动内容（教材）的选择是决定集体教学活动是否有效的关键因素之一。对于部分一线教师而言，无论怎样的内容，他们都能将其设计成集体教学活动。但是，这个内容是否适合以集体教学的形式来组织，这可能是许多教师都疏于思考的。

（二）活动设计的形式

1. 重视活动教学形式

目前，许多集体教学活动都很注重多种形式的介入，如小组讨论、运用多媒体技术、选用不同类型的操作材料等，这在很大程度上激发了幼儿的学习兴趣，增大了活动效果。

此外，部分活动为了实景重现，会使用很多道具，有时用录像，有时用现场表演场景；有的活动提供了很多游戏材料，让幼儿在活动中玩日常区角游戏中的内容，认为这样可以调动幼儿的日常经验；有的活动原本可以用简单的形式（如图片）解决的，偏要用电脑动画等高科技手段来进行；等等。

总而言之，一个活动宜用简单方便的教学形式完成教学内容、达到教学目标，教学环节的安排应有利于不断推进幼儿的思维，让幼儿在主动参与中获得挑战自我的快乐。

2. 运用多种教学策略

许多集体教学活动都能从幼儿的学习特点着手，考虑到幼儿之间学习方式的差异，利用多种学习策略、方法引导幼儿参与活动，如：图片、符号线索引导（利用不同的图片、符号进行记忆类的学习），关键经验回顾（激活幼儿已有的知识经验，为其下一步学习打基础），身体动作定位（让幼儿以自己的身体和不同的身体动作作为学习的支持工具），多通道参与（视觉、听觉、触觉等感受方式共同参与活动），猜测与记录，等等。这些方法的运用提高了集体教学活动的效果。

但是，有些活动过分关注策略的运用，结果反而事与愿违。比如：在学习歌曲活动中，完整欣赏一至两遍新歌后，教师就开始不断地利用图片让幼儿回忆、猜想歌词，此时幼儿由于对歌词和旋律都还比较陌生，虽然在不断回忆中猜全了歌词，但对歌曲的整体体验明显不足；在学习诗歌的语言活动中也存在同样的问题，在欣赏不足的情况下，教师不断用图片、动作等引导幼儿对片段进行回忆。

3. 提高幼儿探索能力

让幼儿在主动探索中建构学习经验，这已经得到幼教工作者的广泛认可，许多教师在集体教学活动中都很重视幼儿的探索，但往往忽视在探索的基础上对幼儿不同经验的必要提升。如四五个甚至更多的幼儿回答了教师的提问后，教师不置可否，不做适当整理，甚至对错误的答案也不作必要的回应；一个教学活动中，几次探索基本处于平行状态，没有层次性；等等。如果没有必要的经验提升，那么幼儿的探索只能停留在平行经验层面，就不可能有思维层面的提高，也就不可能进行有效的学习。

四、幼儿园区域活动环境创设的能力培养

幼儿园区域活动环境创设是指教师为幼儿区域活动所提供的条件，既包括区域空间和场地的设置、提供的操作材料等物的因素，又包括隐含在环境中的师幼关系、同伴关系及区域学习氛围等人的因素。在目前区域活动的开展中，教师创设区域环境时普遍只关注设置哪些区域、投放多少材料，而忽略了区域活动环境创设的效果，忽略了应为幼儿区域活

动提供适宜的帮助。因此，加强有关幼儿园区域活动环境创设的研究将有助于改善这一现状，推动幼儿园的区域活动课程建设，为幼儿园提供更好的区域活动创设策略。

(一) 区域活动中创设标识性环境

一部分教师总是认为区域活动以尊重幼儿的个别差异、满足幼儿的个性发展为目的，因此在开展区域活动时往往过分强调幼儿在区域活动中的自主与自由，以致出现了教师对幼儿区域活动放任自流的极端现象。然而，区域活动的有效开展必须依靠一套由幼儿和教师共同约定形成并遵守的集体规则和行为习惯，才能使幼儿主动参与并有效学习。所以，在区域活动中创设标识性环境，以此提醒幼儿遵守一定的集体规则，使幼儿养成一定的学习生活习惯，成为区域活动环境创设的首要要求。

所谓标识性环境，是指教师和幼儿因地制宜，根据某种约定俗成的学习生活习惯和规则创设的环境。它对幼儿参与区域活动有明确的标识和指示作用。例如，为了控制进区的人数，教师在区域的入口处粘贴若干脚印图案，提醒幼儿判断自己是否还能够参加该区域活动。这种为标识区域人数而创设的环境即是一种标识性环境。这种标识性环境除了能够起到控制进区人数的作用外，还有以下功能：

(1) 让标识性环境成为幼儿的隐性教师，提醒幼儿遵守有关区域的集体规则，同时可以培养幼儿有关的学习习惯和行为品质，这对小班幼儿的作用尤为明显。小班幼儿在角色区活动时经常会出现玩具乱放、餐具放到床上等现象，教师只需将玩具的照片或图片贴在指定位置，小班幼儿一般就能根据这一提示将玩具收回到教师指定的位置。

(2) 让标识性环境发挥"隐形助教"的作用，可以缓解教师指导区域活动的压力。为了维持区域活动的正常开展，教师通常必须花费大量时间，扮演维持秩序的警察角色，从而无形中增加了工作量，影响到对幼儿区域活动的观察与指导。此时，教师即可使用标识性环境，将一些常规性的细小而烦琐的工作转变成幼儿看得到的环境要求，让幼儿在与环境的互动中理解并遵从教师的期望。

(二) 区域活动中创设支架性环境

区域活动的教育功能主要是通过幼儿与活动材料的互动来实现的，因此材料的投放是区域活动环境创设的重要内容。然而，在实际开展过程中，教师在活动材料的投放上往往只求多求新，只是鼓励幼儿与材料进行简单的"玩一玩"式的互动，却忽视了材料本身可以发挥的支架与引导作用。因此，创设支架性环境，使材料隐含一定的教育目标，成为提升区域活动环境创设质量的重要策略。教师可以使用以下策略：

（1）"添砖加瓦"的策略。并不是所有的材料都可以直接投放到区域活动中，高品质的区域活动要求教师投放的材料符合幼儿的发展水平，并能激发幼儿接受挑战，跨越自己的"最近发展区"，这就需要教师精心添置可以发挥支架作用的材料。例如，教师在操作区若只提供穿线板和绳子这两种材料供幼儿进行小肌肉的穿线练习，由于缺乏一定的支架，幼儿往往会按自己的意愿随意穿绳，结果导致穿线板上布满了杂乱无章的绳子。这时如果教师添加一张完整的穿线步骤提示图，就能为幼儿提供很好的学习支架，引导他们穿出一定的图案，体验成功学习的快乐。

（2）"改头换面"的策略。材料是幼儿进行学习的支柱，如果区域里的材料总是一成不变，那么就无法吸引幼儿的注意力。教师应想方设法对区域活动环境做出改变，撤掉一些旧玩具，放上一些新玩具，这样就可以重新激发幼儿对环境的兴趣。例如，教师让幼儿在操作区练习穿鞋带的方法，鞋带的选择应符合幼儿的能力水平，定期更换不同材质或不同颜色的鞋带，以使幼儿保持练习的兴趣。

（3）"创设游戏情境"的策略。在区域活动中，为幼儿创设符合他们兴趣、具有游戏情节的环境也相当重要，这样可以有效激发幼儿探究和操作的兴趣，充分发挥材料的教育功能。例如，教师通常会在操作区为小班幼儿提供小勺和小积塑块代表的食物，供小班幼儿练习使用小勺舀东西的小肌肉动作，然而这种单调、重复的动作练习很快就会使小班幼儿失去操作的兴趣。这时，教师只要将一张小动物张开嘴巴的图卡贴在小碗上，创设"为小动物喂饭"的游戏情境，就能重新激发并提高幼儿参与操作的兴趣。

（4）"重新包装"的策略。对区域活动而言，昂贵精致或要花费大量时间制作的材料不一定就是好材料，以幼儿发展为本，经济适用、方便快捷、高效省力才是教师投放材料时应有的基本理念。教师应充分挖掘现有材料的可利用因素，对材料稍加改动，将其变成幼儿需要的学具或玩具。如在语言区，教师经常为选择哪些材料、如何激发幼儿主动讲而大伤脑筋，其实，只要将一部或两部废旧电话机进行"重新包装"，使之变身为"电话亭"，再增加一些与幼儿生活经验有关的图卡（如生日蛋糕、游乐场等图卡），即可扩展幼儿语言叙述的内容，并提高其讲述的积极性。

（三）区域活动中创设互动性环境

区域活动的作用虽然主要是为幼儿提供与材料互动的机会，但其有效开展仍然离不开教师和幼儿的互动。教师必须为幼儿营造安全、愉快、宽松的区域活动环境，让幼儿在宽容和谐的气氛中根据自己的能力和意愿自主选择学习内容和活动伙伴，主动进行探索与学习。为此，教师还应把区域活动环境建设成互动性环境。然而，目前在区域活动的组织中普遍存在教师少幼儿多、区域多战线长的情况，教师很难与幼儿进行积极有效的互动。这也与教师在组织区域活动时往往过多地把自己定位为管理者和控制者，而忽视了与幼儿的回应和互动有关。为了促进幼儿在区域活动中的探索行为与创造性行为，教师需要在言语与情感上回应幼儿，对幼儿的行为和想法给予表扬、鼓励或反馈。例如，教师可以为美工区的剪纸练习提供一张可供幼儿记录自己是否完成的记录单，幼儿每次完成剪纸作品后，及时用适当的符号进行记录，教师通过这张记录单即可了解全班幼儿参与剪纸练习的情况，并据此给予表扬或奖赏。通过记录单这一看似简单的媒介，教师与幼儿能够实现双向互动，从而提高幼儿参与区域活动的积极性。

在区域活动中，教师应积极提供与幼儿发展水平及需要相匹配的支架，在幼儿能力较低时提供更多的帮助，在幼儿能力提高时减少帮助。例如在语言区，要培养中班幼儿正确阅读图书的习惯和方法，仅靠教师提供图书是不可能实现这一教育目标的，教师还需要提供幼儿可模仿的具体行为与方法。此时，教师即可借助照片，将一个人怎么看书、两个人一起怎么看书、三个以上的人一起怎么看书鲜明生动、形象具体地展示出来，为幼儿提供可看、可讲、可模仿的环境，从而促进幼儿的探索、思考与学习。

总而言之，在区域活动中教师能否提高环境创设的有效性，关键在于转变自己的教育理念。只有树立了正确的教育观、儿童观、游戏观，并将教育理念转变为正确、适宜的教育行为，才能为幼儿的发展创造真正"有准备的环境"，才能不断提升区域活动环境创设的有效性，为促进幼儿自由自主、富有个性地发展提供条件。

五、幼儿园体能活动组织的能力培养

幼儿的全面发展是时代、社会进步的需要，幼儿的身体健康又是其全面发展的基础。幼儿正处在生长发育的旺盛阶段，而体能训练是影响幼儿生长发育，增强其体质，促进其智力发展的最积极、最重要的因素。但是，现在许多幼儿园只重视幼儿智力方面的培养，忽略了幼儿体能方面的训练，致使幼儿学习各种技能的负担越来越重，留给幼儿锻炼身体的时间越来越少，针对"重智轻体"这一现象，探讨在幼儿园如何开展体能训练活动具有极其重要的现实意义。

第一，教师要充分认识在幼儿园开展体能训练的重要性及体能训练活动在幼儿体能发展中的作用。《幼儿园工作规程》第五条"幼儿园保育和教育的主要目标"的第一项就是"促进幼儿身体正常发育和机能的协调发展，增强体质，促进心理健康，培养良好的生活习惯、卫生习惯和参加体育活动的兴趣"。可见，体育活动是幼儿全面发展教育的重要组成部分。幼儿如果没有健康的身体，不仅不能幸福、快乐地生活，也得不到其他方面的正常发展。所以，转变教师的教育思想观念，拓展体育活动的深度和广度，是幼儿园进行体能训练的重要保证。

第二，遵循《幼儿园教育指导纲要（试行）》，制定科学的训练方法。《幼儿园教育指导纲要（试行）》中明确指出："锻炼幼儿的身体，促进其正常发育，提高他们对自然环境的适应能力，增强其体质。发展幼儿的基本动作，使他们动作灵敏、协调、姿势正确。培养他们机智、勇敢、遵守纪律等优良品德和活泼开朗的性格。"幼儿的身体发展是一个循序渐进的过程，要根据幼儿基本动作的发展规律，采用游戏的形式对幼儿进行训练。

第三，利用自然条件创造训练环境。①教师充分开动脑筋，可以在户外场地上用油漆绘制不同形状的图案，然后组织跳方格、跑圈等活动。②利用楼梯进行训练，每个年龄段幼儿都有关于楼梯的训练项目，如小班的"走楼梯"、中班的"蹦楼梯"、大班的"拍球上楼"，这些都充分利用了幼儿园的物质条件。③打破"只有进行体育活动才是进行体能训练"的传统观念，教师应把体能训练贯穿到幼儿的一日活动之中。如小班幼儿在教师的指导下把椅子搬到指定位置；中班幼儿在保证卫生的情况下，协助教师端盆、打饭等；大班幼儿协助教师打扫卫生，独立完成擦桌子、扫地等任务。这些日常活动既能达到体能训练的目的，又能培养幼儿良好的生活习惯、自理能力和爱劳动的品质。④远足是对幼儿进行体能训练的最好方法，教师可以组织本班幼儿或全园幼儿集体远足，但是要注意对体弱幼儿的照料。到达目的地后，可以让幼儿自由散步、拾落叶、观赏动植物。幼儿通过远足活动不仅可以领略大自然的风光，萌发热爱大自然的情感，还可以提高耐力素质。

第四，重视户外体能训练，增强幼儿对外界环境的适应能力。外界环境的变化在我国北方尤为明显，早晚温差大，适当地在户外进行体能训练，不仅有利于幼儿适应严寒和酷暑的变化，增强身体的适应能力，同时，在户外接触到充足的日光和新鲜空气，还能提高幼儿的抵抗力。教师要注意结合气温的变化安排训练时间，让幼儿有一个逐渐适应的过程。另外，教师还要争取家长的配合，夏天注意防暑降温，冬天为幼儿配备合适的运动鞋和衣帽，方便幼儿运动。

六、幼儿园教学评价的能力培养

幼儿园教学评价是指以教学目标为依据，以一定的标准和手段对教学活动及其结构做价值上的判断。教学评价的核心目标是为了了解教学活动的成效，了解教学过程中教师和幼儿的行为，了解教学对幼儿发展的意义。幼儿园教学评价的标准应该从以下六点来分析：

第一，教学目标。①看教学目标的制订是否全面、具体、适宜。"全面"是指从知识、能力、情感等方面来确定教学目标；"具体"是指对知识目标要有量化要求，对能力、情感目标要有明确要求，能体现学科特点；"适宜"是指能以《幼儿园教育指导纲要（试行）》为指导，体现年龄段、年级、单元教材的特点，符合幼儿的年龄实际和认知规律，难易适度。②看教学目标是不是明确地体现在每一个教学环节中，教学手段是否都紧密地围绕目标，为实现目标服务。

第二，教学内容的处理。在进行教学评价时，应把握以下要点：①教学目标具体全面，教学内容科学准确、重点突出，教学方法灵活，教学状态自然规范，教学手段应用恰当，寓德育和美育于教学全过程。②教学内容科学准确、重点突出是第一位的。在评析一节课时，既要看教师教授的知识是否准确科学，更要分析教师在教材的处理和教法的选择上是否突出了重点，突破了难点，抓住了关键。

第三，教学设计。①看教学思路的设计。教学思路是教师组织活动的脉络和主线，它是根据教学内容和幼儿水平两个方面的实际情况设计出来的，反映一系列教学措施是怎样编排组合、如何衔接过渡、怎样安排详略的。②看课堂结构的安排。教学思路侧重于教学内容的处理，反映教师课堂教学的纵向脉络；而课堂结构侧重于教法设计，反映教学横向的层次和环节，它是指一节课教学过程各部分的确立，以及它们之间的联系、顺序和时间分配。课堂结构也称为教学环节或步骤，要看教学环节的时间分配和过渡衔接是否恰当，讲与练的时间搭配是否合理，教学环节与教学目的和要求是否一致，有无教师占用时间过多、幼儿活动时间过少现象，幼儿的个体活动、小组活动和全班活动的时间分配是否合理，活动是否考虑到幼儿的个别差异，等等。

第四，教学方法和手段。教学方法既包括教师教学活动的组织方式，还包括幼儿在教师的指导下"学"的方式，是"教"的方法和"学"的方法的统一。①看是不是"量体裁衣"。教学方法的选择应根据课程的性质、幼儿的学习经验、教师的自身特点而有相应变化。②看教学方法的多样化。教学方法最忌单调死板，再好的方法天天照搬也会令人生厌。教学活动的复杂性决定了教学方法的多样性。所以，评课既要看教师能否面向实际恰当地选择教学方法，同时还要看教师能否在教学方法上下功夫，常教常新，使课堂教学别具一格，富有艺术性。③看教学方法的改革和创新。评价教师的教学方法既要看常规，还要看改革和创新，在评价一些素质好的骨干教师的课时尤其要注意这一点。评价要看课堂上思维训练的设计，看创新能力的培养，看主题活动的发挥，也要考虑新的课堂教学模式的构建和教学艺术风格的形成等。④看现代化教学手段的运用。现代化教学离不开现代化的教学手段，因此，在评价教学活动时，不仅要看教师对教学方法与手段的运用，还要看教师是否适时、适当地使用了投影仪、录音机、电视、电脑等现代化的教学手段。

第五，教师教学的基本功。①看教具设计是否科学合理。②看教态是否具有感染性，是否举止从容，态度热情，热爱幼儿，师幼情感交融良好。③看语言是否为普通话，是否准确清楚、生动形象又有启发性；教学中的语调是否高低适宜、快慢适度、抑扬顿挫、富有变化。④看教师运用教具是否灵活，操作投影仪、录音机、电脑等是否足够熟练。

第六，教学效果。①看教学是否高效，幼儿思维是否活跃，气氛是否热烈。②看不同程度的幼儿是否在原有基础上都有进步；知识、能力、情感目标能否达成。③看教师是否有效地利用了课堂时间，幼儿是否学得轻松愉快、积极性高。

第二节 幼儿园教师艺术创作能力培养

一、幼儿园教师儿歌伴奏能力培养

儿歌伴奏要求弹奏者根据旋律即兴弹奏出伴奏音乐，它是一门集乐理、视唱、作曲、钢琴演奏等技术于一体的综合性课程。儿歌伴奏具有快捷、灵活、实用的特点，因而应用范围比较广泛。

（一）儿歌编配伴奏的步骤

1. 分析与设计

将歌曲从头至尾浏览或哼唱一遍，了解歌曲的基本特点，具体如下：

（1）调式与调性。在为歌曲编配伴奏时，首先要区分歌曲的调式种类，即大调式、小调式和民族调式，不同的调式需要编配不同的和弦，此外，还要注意区分曲子的调号与结尾音。

（2）速度与节拍。编配伴奏时，不仅要注意乐谱上的速度、节拍标记，更要注意把握演唱者实际演唱的速度，这关系到和声节奏与织体的选择。

（3）形象与体裁。编配伴奏时要区别歌颂性、舞曲性、抒情性三大类形象，以确定合适的伴奏音型。

（4）结构。要区分乐段的结构，如果是多乐段结构，可以在全曲的呈示、展开、高潮、结束部分做伴奏音型织体的变化。

2. 编配和声

（1）和弦的种类。在自然音阶中的每一个音上都有可能建立一个大三和弦、一个小三和弦、一个增三和弦、一个减三和弦、一个大小七和弦、一个小七和弦等。

（2）和弦的色彩。和弦因其纵向结构不同而具有不同的音响色彩，其根据色彩可以分为两类：第一，明亮色彩类：大三和弦、增三和弦、大小七和弦。第二，暗淡色彩类：小三和弦、减三和弦、小七和弦。

（3）和弦的协和度。从音响的协和程度方面，可以将和弦分为三类：第一，协和和弦：大三和弦、小三和弦。第二，较协和和弦：大小七和弦、小七和弦。第三，不协和和弦：增三和弦、减三和弦（不常用）。

（4）和弦的选择。大调歌曲一般比较欢快、活泼、热情，在为其选配和弦时，应以色彩明亮的大三和弦为主，慎用小三和弦。小调歌曲一般比较温婉、优美、抒情，在选择和弦时，应以色彩暗淡的小三和弦为主，慎用大三和弦。

3. 伴奏音型

伴奏音型从发声特点上可以分为三类：第一，柱式音型：各个组成音同时弹奏发出声音（适用于力度较强的歌颂性体裁的歌曲）。第二，半分解音型：使和弦的低音与另外几个音交替出现（适用于欢快、跳跃、节奏鲜明的歌曲）。第三，全分解音型：各个组成音依次发音（适用于抒情性体裁的歌曲）。

（二）大小调正副三和弦

（1）任何一个调性的Ⅰ、Ⅳ、Ⅴ级上建立的三和弦都称为正三和弦。

（2）任何一个调性的Ⅱ、Ⅲ、Ⅵ、Ⅶ级上建立的三和弦都称为副三和弦。

（3）儿歌中的和弦编配一般以正三和弦为主。为了避免和声重复，在同一个正三和弦重复出现时可以用同功能组的副三和弦代替。

（4）Ⅰ级和弦叫主和弦。Ⅳ级和弦叫下属和弦。Ⅴ级和弦叫属和弦。主功能组的和弦有Ⅰ、Ⅲ、Ⅵ。下属功能组的和弦有Ⅱ、Ⅳ、Ⅵ。属功能组的和弦有Ⅵ、Ⅴ、Ⅶ。

（三）前奏、间奏、尾奏

（1）前奏是歌曲声乐部分进入之前，由钢琴或其他乐器演奏的那一部分旋律。儿歌的前奏分为三种：用歌曲的尾句做前奏；用歌曲中典型的概括性乐句做前奏；用典型的节奏型做前奏。

（2）间奏是指歌曲的乐段或乐句之间具有承前启后作用和对音乐发展起贯穿作用的那

一部分旋律。儿歌常用的间奏有两种：用歌曲的前奏做间奏；对前一句具有代表性的音型进行音阶式变奏做间奏。

（3）尾奏也叫尾声，是歌曲旋律结束前或结束后用钢琴或器乐演奏的旋律或音型。尾奏分为同步的尾奏和音阶式进行的尾奏。

儿歌伴奏是创作与表演相结合、思维与感觉相结合的音乐表演活动，幼儿园教师一定要掌握好相关的知识和技能，以利于教育教学工作的开展。

二、幼儿园教师歌唱能力培养

（一）歌唱呼吸

正确的呼吸方法在歌唱训练中至关重要，优美动听的歌声需要良好气息的支撑，呼吸方法的灵活运用可以使演唱字正腔圆。因此，演唱者在歌唱中都十分重视呼吸，并把它置于歌唱的首要位置。初学者在歌唱学习中，常会遇到这样一些问题：歌曲演唱流畅度不足；喉音过重，憋气、吊气；高音演唱无法完成，长音完成不好；对强弱音控制不足；等等。这些问题均与歌唱的气息有关，如果解决了歌唱的呼吸这一难题，声音便会变得自然、流畅、柔和、圆润，因此有种说法是：歌唱技术90%在于掌握呼吸法。

呼吸是由呼吸器官来完成的，鼻、口、喉、咽、气管、支气管、肺、胸腔、横膈肌、腹肌等器官都参与呼吸。日常生活中的呼吸是一种自然生理运动，它是下意识进行的，而歌唱的呼吸则是一种在自然呼吸的基础上进行的有控制的呼吸运动，是有意识的，这种呼吸运动要靠后天去培养，必须进行专门训练。

歌唱的呼吸方法，目前一般为人们普遍所知的有三种，即胸式呼吸法、腹式呼吸法和胸腹式联合呼吸法。当今世界上学习声乐的人们基本都推崇胸腹式联合呼吸法。它既克服了胸式呼吸法气息过浅的毛病，又克服了腹式呼吸法气息过僵过死的问题，充分利用横膈肌、肋肌、腹肌控制气息的作用，因而被人们普遍认为是一种最完善的呼吸方法。学生在做这种气息练习时，首先应充分保持轻松愉快的心情，颈部、面部肌肉自然放松，两肩下放，挺胸，用口鼻徐徐地吸入空气至肺叶底部的同时，使横膈膜下沉。这时胸廓扩张，两肋向两旁伸展，横膈膜下凹，以扩大肺的气容量，小腹略向内收，就可以感觉到在脐间有一股力量，这股力量便是人们通常所说的"丹田之气"。这种力量的形成是需要横膈肌的下沉和下小腹的微收，通过上下力量的对抗造成气息的支持点。建立在这种呼吸法上发出的声音是结实有力的。胸腹式联合呼吸法的优越性是：气息深、速度快、容量大、控制力强、声音弹性好。要想正确地运用这种方法，初学者不能急于求成，只有经过较长时间的正规严格的训练才能掌握。

（二）歌唱共鸣

动听的演唱，除了气息的支持，还需要共鸣腔体发挥作用，这样才能使声音效果更好，演唱更动人。简单而言，歌唱共鸣就是声音经过一系列通道，引起人体其他空间一起振动而形成的现象。人体的共鸣器官主要有头腔、胸腔、腹腔三大共鸣腔体。声带发声是通过气息的冲击从而引发振动发声，这种声音非常微弱，但当声音进入声音通道后，与共鸣腔体产生大量泛音，从而发生了质的变化。根据人声特点，可形成低、中、高三个不同的音区，而不同的人因为声带结构不同、共鸣腔体大小不同、共鸣腔体的使用程度不同而产生不同的声音效果。共鸣腔体的种类与声区的种类基本上是相互对应的关系，与低、中、高三个音区相对应的主要共鸣腔体分别为胸腔共鸣、口腔胸腔混声共鸣、头腔共鸣。值得注意的是，演唱实际上是三个共鸣腔体统一共鸣的结果，单纯强调任何一个腔体，都会让演唱色彩变得单调无趣。

（三）歌唱语言

歌唱是语言与音乐结合的艺术，它通过歌唱语言直观地刻画出音乐形象、传达出音乐情感。歌唱者应充分重视歌唱语言，歌唱的咬字、吐字都会对歌曲的表达产生影响，如果歌唱中吐字不清，不仅会影响歌曲的意境，还会给听众带来不适感，因此需要歌唱者在咬字、吐字上下功夫，要使歌唱的内容清楚准确地传达，避免语言含混不清。

歌唱的吐字和发音跟说话相比，吐字、发音的过程更长，就字音可分为头、腹、尾三部分而言，歌唱的吐字和发音特点是：字头短、字腹长、字尾清。在歌唱中具有一定弹性的、清楚的咬字可以更好地表现音乐的节奏，让歌唱更加夸张有力，从而实现歌唱的艺术表现。在歌唱发声中，通常把有字尾（指字音的结尾部分）的音收住，即"归韵"。"归韵"做得好，就会实现歌唱的"字正腔圆"，同时要注意歌曲作品的不同风格，例如，中国歌曲和外国歌曲，艺术歌曲和民间歌曲，不同民族的歌曲等，咬字方法亦不同。总而言之，要唱好歌曲，只有掌握正确的歌唱语言才能完美地演绎歌曲。

（四）艺术处理

歌唱是听觉艺术与情感艺术的结合，它通过语言和旋律、节奏的有机结合，通过对声音的训练、气息的控制、共鸣的运用、真假声的结合来直接反映社会生活，表达思想感情。演唱者要想更好地表达歌曲的艺术性，应认真分析歌曲，在尊重原作的基础上，大胆地创造和处理,这是对演唱者更高的要求。演唱者不仅要了解歌曲产生的历史背景、蕴含的风土人情,还要了解歌曲的内涵,甚至要增加自身阅历、拓宽知识面、提高艺术修养,从而使演唱表达出更加深刻的意境。因此,演唱者如何提高艺术修养主要从以下方面着手:

(1) 深入生活。艺术都是在生活中创造的,且与作者的生活经验息息相关。演唱者要深入到生活中,用艺术的眼光发现生活中的美、感受生活中的美。

(2) 有广博的知识面。掌握科学发声方法固然重要,但声乐是一门集生理学、心理学、声学、美学、文学等学科于一体的艺术,因此除了练习声音的发声技巧外,还应该博览群书,拓宽自身的知识面,在文学、历史及其他艺术学科领域多学习,从而汲取歌唱的营养。

(3) 选择适合自己的歌曲。歌曲的选择对演唱者而言较为重要。演唱者需要十分清楚自身的演唱条件,如嗓音特点、音域条件、个人气质等,从而选择适宜的歌曲进行演唱。只有这样,才能最好地运用自己的音色、音域和演唱技巧,表现歌曲之美。

(4) 把握歌曲的总体风格。每一首歌曲作品都有其自身的独特性,对演唱者而言,自身的声音特点、歌唱语言的艺术处理等也构成了自身的个性,演唱者只有把两者有机结合,声情并茂地进行演唱,才能真正打动观众。

三、幼儿园教师儿歌"弹唱"能力培养

从"幼儿歌曲弹唱"中,我们可以得到两个关键词:"幼儿歌曲"和"弹唱"。关于幼儿歌曲弹唱,首先应该注意的是"幼儿歌曲"的选择,然后才是"弹唱"的技巧。因此,幼儿歌曲弹唱的技能技巧最终是为了更好地帮助幼儿进行歌曲演唱,所以,先要了解选择幼儿歌曲的一些基本原则。

(一) 幼儿歌曲的选择

关于幼儿歌曲的选择标准,可以从学前儿童音乐教育的总目标对歌唱目标的表述中进行探讨,具体如下:

(1) 认知:能够感知理解歌曲的歌词和曲调所表达的内容、情感和意义,知道如何进行创造性地演唱来表达歌曲;知道保护嗓子,要用适度美好的声音歌唱;知道如何用歌唱的方式与他人交往;能够理解各种集体歌唱表演形式所需的合作协调要求,知道如何在集体歌唱活动中与他人相协调。

(2) 情感与态度:能够体验并努力追求参与各种歌唱活动的快乐;能够体验并努力追

求唱出美好声音的快乐；能够体验并努力追求与他人用歌唱的方式进行交往的快乐；能够体验并努力追求集体歌唱活动中声音和谐与情感默契的快乐。

（3）操作技能：能够基本正确地再现歌曲的歌词和曲调，能够较正确地咬字、吐字和呼吸；能够较自然地运用声音表情，能够唱出适度、美好的声音；能够运用带有一定创造性的歌唱表现方式；能够在用歌唱的方式与他人交往时自然地运用面部表情和身体动作表情；能够在集体歌唱活动中控制和调节自己唱出的声音，使之与他人相协调。

幼儿的认知水平跟自身的年龄特点是相匹配的，因此在选择歌曲时，首先要选择该年龄段幼儿喜欢和熟悉的事物，如动物、植物、自然现象、交通工具等；其次要选择歌曲的歌词内容、语法等能被其理解的，否则很难引起共鸣；再次要选择歌曲结构简单的，例如，句子中所含词汇较少，语法单纯，句子的长度、结构、节奏等方面相同或相似，甚至在旋律、节奏、歌词等方面有较多相同的地方，方便幼儿理解记忆，并能为幼儿进行创造性歌唱提供机会。

不同年龄段幼儿自身嗓音发展的水平也不同，应根据幼儿嗓音发展水平选择适合的歌曲，这也是选择歌曲的标准之一。通常情况下3~6岁幼儿可以根据幼儿实际嗓音发展水平做相应调整，因此在歌曲选择上，还应注意音域的大小。

（二）"唱"的技能培养

关于"弹唱"，可以从字面上将其理解为"弹"和"唱"的组合，要想"唱"好，首先需要我们熟练地掌握"弹"的技能。

"弹"要弹得准确。我们应熟知与弹奏相关的乐理知识，音阶、节奏、节拍、调、和弦、调式、移调等都与"弹"密切相关。熟知这些乐理知识，能更好地帮助我们分析歌曲，从而找出正确的和弦，并以适合歌曲情感的方式进行不分解、半分解、全分解、琶音、无旋律伴奏等，为歌唱提供准确、和谐、优美的伴奏。在弹唱中，"弹"除了可以帮助幼儿感知歌曲的旋律以外，其前奏、间奏还起着承上启下的重要衔接作用，好的前奏和间奏能给幼儿的演唱下达一个良好的"预令"，让幼儿有心理准备而获得心理安全感，这是保证幼儿好好歌唱的前提，同时也为演唱固定音高。

我们在实践中发现，伴奏的速度、伴奏织体的难易程度，也是幼儿歌曲弹唱中应注意的问题。教师按照以下流程进行儿歌弹唱活动，更易于幼儿学习和记忆。即教师无伴奏范唱——右手单旋律伴奏——左、右手简单伴奏——复杂伴奏。这种教学流程更加符合幼儿的年龄和学习特点，目标明确，记忆负担轻，能更好地帮助幼儿进行歌唱学习。

四、幼儿园教师舞蹈表演的能力培养

（一）蒙古族舞蹈

蒙古族以能歌善舞著称。蒙古族人善于用舞蹈淋漓尽致地表现牧民生活，表达美好的情感。蒙古族舞蹈最鲜明的特点是节奏明快，表现了蒙古族人开朗豁达的性格和豪放英武的气质。在舞蹈的过程中首先要通过肢体训练达到肢体的解放，肢体的解放是把握蒙古族舞蹈气质的基石。蒙古族舞蹈体现在动态上最鲜明、最有表现力的特征部位是肩、臂和腕。例如，蒙古族舞蹈中肩部训练有柔肩、耸肩、弹肩、甩肩、抖肩等；在训练臂和腕的过程中，也应从单一的提压腕开始训练。在肢体的训练中，除了要讲究稳扎稳打，还应注意心理上的感觉。对舞蹈动作的审美体验应该是一种概念性的反射，即延续慢发力、幅度大、呈连绵不断的波浪状，充满延伸的质感，而对弹肩、硬肩则应有快发力、幅度小、有棱有角、瞬间静止的审美意识。在训练中要注意保持蒙古族人的精神气质，通过这种情感、形态、运气、发力的典型表现，涵盖出一种"圆形、圆线、圆韵"。

（二）维吾尔族舞蹈

维吾尔族舞蹈继承了古代鄂尔浑河流域和天山回鹘族的乐舞传统，又吸收了古西域乐舞的精华，经过长期的发展和演变，形成了具有多种形式和独特风格的舞蹈艺术。

（1）维吾尔族舞蹈体态强调昂首挺胸、立腰、拔背而产生的立感，给人一种高傲挺拔、外向的感觉。这使得维吾尔族舞蹈不仅具有沉稳的含蓄之美，而且具有直立向上的力量美感。

（2）维吾尔族舞蹈在节奏上多用切分音、附点节奏，并在弱拍处给以强势的艺术处理。如舞蹈动作中的绕腕，头部的挑，"三步一抬"动作中的后踢步等，都是在节奏的弱拍下做的，以此突出舞蹈的风韵和民族特点。

（3）在维吾尔族舞蹈律动中，膝部规律性的连续颤动和变换动作时一瞬间的微颤，使动作衔接得自然潇洒、柔和优美。舞蹈动作多运用头部和手腕，有移颈、头部的摇与挑，以及手部的翻腕、绕腕、击腕等丰富多变的动作。

（三）藏族舞蹈

藏族舞蹈的风格特点体现在舞蹈形象的刻画与伴奏曲调的旋律特征和歌词上，又因农区、牧区、半农半牧区的不同而增添了不同的色彩。藏族舞蹈的体态特点为松胯、弓腰、屈背，这和高原地区繁重的劳动生活有密切关系。藏族人跳舞时，这些动作会自然地体现在舞蹈中，使动态形象带有明显的心理因素。然而，这些动作主要来自劳动者为减轻体力负担的自我协调，从舞蹈的角度来看，具有另外一种劳动形成的身体各部分协调的美，带有艺术性的创造。例如，中甸锅庄舞的舞者腰部多和着节奏，有规律地起伏颤动，给人安详和谐的美感；而膝部松弛，与腰、胯动作的结合又形成特有的动律。

（四）傣族舞蹈

傣族舞蹈体态的基本特征是"三道弯"，它是傣族舞蹈最富有雕塑美的基本特征。"三道弯"的体态造型与傣族人生活在亚热带地区，与姑娘着紧身上衣、长筒裙，与他们视孔雀为圣鸟而对其极为喜爱等，均颇有关联。身体动作"三道弯"的第一道弯从立起的脚掌至弯曲的膝部，第二道弯从膝部到胯部，第三道弯从胯部到倾斜的上身。手臂的动作也是"三道弯"：指尖至手腕，手腕至肘，肘至臂。腿部的动作还是"三道弯"：立起的脚掌至脚跟，脚跟至弯曲的膝，膝至胯。

傣族舞蹈律动的基本特征：傣族人民生活在亚热带地区，生活在"宁静的田园"中，不喜欢剧烈的活动，所以舞蹈动作较为平稳，仪态安详，跳跃动作较少。节奏大都为2/4拍连绵不断的节奏型，舞蹈的基本动律多为：腿保持半蹲状态，重拍向下，双膝屈伸，以屈伸带动身体颤动和左右轻摆；脚多为后踢，踢起时快而有力，落地时轻而稳。这种律动不仅模拟孔雀行走时的步态，还颇像大象在森林中的漫步，具有一种内在的含蓄健稳的力量美。

（五）东北秧歌

东北秧歌起源于插秧耕田的劳动生活，是劳动人民庆丰收的一种自娱自乐的舞蹈形式。它又和古代祭祀农神、祈求丰年有关。东北秧歌以豪爽、热情奔放、人多场面大、舞蹈形式灵活多变、热闹喜庆而著称。这种广场歌舞活动有多种形式，包含着多种内容，在不断的发展变迁中映照着时代的足迹。东北秧歌多以边舞边歌来表现内心的情绪。这种歌舞活动与东北人民的热情浪漫结合在一起，形成了独具稳、梗、翘风格的秧歌舞，特别是渐渐成形的秧歌音乐，用锣、鼓、镲、唢呐等奏出热烈而欢快、谐趣而颠浪的曲调，令人过耳不忘。

（六）胶州秧歌

胶州秧歌以舞蹈中女性的动作最有特色，既有山东女性大气爽朗的气质，又有热情而不失北方女性的姿态，道具以扇子、手绢为主。动作强调个性，讲究"快发力、慢延伸"，形态上追求"三道弯"。胶州秧歌的动律特点可概括为"抻、拧、碾、扭、韧"五个字。

"抻"是起动或达到极点空间时动作形态的瞬间持续，而表现出一种力的延伸感。

"拧"是指以腰为轴向外拧转，形成"三道弯"的体态。脚下的"拧"作为动作的发力，使胶州秧歌舞蹈形体线条弯曲柔和，动作轻柔，却又不失劲健挺秀、奔放洒脱。

"碾"是在形成或移动重心的过程中，膝盖被推动，反射在脚部的旋转力上。"碾"的律动特点在舞蹈动作中主要呈现在脚部。

"扭"是以动力脚的脚掌和脚跟的碾动作运动的支点，从而波及腰和上身各部位的扭动而形成的，形成流动中"三道弯"的曲线特征。

"韧"是在流动的动作变形中表现出的一种力的特性，是通过小臂的绕"8"字，手推翻腕的有机配合，训练身体上下的协调性和控制身体的能力，给人以不间断的延伸的美感。

胶州秧歌调动全身各部位"抻、拧、碾、扭、韧"，使女性的舞蹈动作较快，脚落地而轻，扭动运行飘逸。

（七）云南花灯

云南花灯是云南省的汉族民间舞，流传在玉溪、罗平、建水等地，以优美轻盈著称。传统的花灯歌舞表演形式有三种：一是集体花灯歌舞；二是情绪性的集体歌舞；三是情节性的花灯歌舞。云南花灯体态的基本特征：身，自然摇动，如柳丝飘动；脚，不勾不绷，自然地抬起悠出。云南花灯律动的基本特征：人们常言"不崴不成灯"，"崴"即扭动。云南歌舞中的崴步，即行走时两胯自然地左右扭动，是其律动风格最突出的呈现。崴步的律动特征源于生活，据说是从劳动者挑担行走于田埂、坡坎或泥泞道上时，为了平衡身体，利用两胯扭动来稳定重心而提炼所得。

崴，按其动势的幅度、方位、形态等不同，大体可分为小崴、正崴、反崴等。小崴是崴中最基本的律动，它是在双膝自然略屈的基础上，一膝向另一膝移动重心，胯向上画个较小的上弧线而形成的。其特点在于，与崴步相比，胯的动作幅度要更大一些，尤显轻巧而活泼，其动作有小崴团扇、小崴放扇、小崴别扇等，这些小崴舞步在云南花灯歌舞中多用于流动或走场中。正崴在动律上恰恰与小崴相反，它经过一条下弧线，有明显向上的特点，给人以朴实大方的美感。正崴多用于舞蹈的中板，常用的动作有扣扇耳旁绕花、扣飘扇等。反崴强调横移上身及上下肢体动作拉到尽头，形成流动中的"三道弯"，给人以悠然抒情的美感。男性舞蹈常以小反崴为主要律动，特点是速度快，具有潇洒又别致的风格特点。从节奏、律动、音乐和情感特点等方面来欣赏云南花灯,可见它所呈现的独特的美感特征,即其女性舞蹈表现出一种内秀、淡雅,具有南国的清新风格和恬静的心理特征。

五、幼儿园教师的儿童舞蹈创编能力培养

儿童舞蹈是指由儿童表演或反映儿童生活、表达儿童情趣的舞蹈。儿童舞蹈是对儿童进行德、智、体、美全面发展教育的重要手段,是一种形象生动、富有感染力、易于儿童接受的艺术形式。儿童舞蹈不同于成人舞蹈,在舞蹈的动作节奏、语言以及表演的形式和风格上都有不同的表现形式。

(一) 创编儿童舞蹈的方法

(1) 舞蹈题材的选择。创编儿童舞蹈时,要选择具有童真、童趣的舞蹈题材。要从儿童的身心发展特点和实际需求出发,使舞蹈作品突出艺术特色。舞蹈的内容要有明显的思想性、教育性和趣味性。儿童天生具有爱玩、爱动和爱幻想的特点,他们对身边的一切事物都很好奇,特别是对小动物,甚至把它们当成好朋友。针对儿童的这些特点,就有了舞蹈创编中各种有趣的动作设计,可以使儿童更加快乐主动地学习舞蹈。

(2) 舞蹈语言的选择。儿童正处于生长发育期,骨骼软,易变形;肌肉弹力小,容易疲劳;大脑发育迅速,兴奋过程强于抑制过程,注意力持续的时间较短。这些生理特点决定了儿童在做舞蹈动作时控制力、节奏感和平衡性都比成人弱。因此,创编儿童舞蹈要回避过于复杂的动作和高难度的技巧,使儿童能通过简单、形象化的舞蹈语言来表达对事物的态度和情感,如用噘嘴、跺脚、捧腹大笑等简单的动作来表达情绪。

(3) 舞蹈动作的选择。儿童的弹跳力比较好,因此,快且重复的动作比较适合他们,慢而舒缓的动作效果可能不太理想。此外,儿童的情绪变化无常,他们忽而吵闹,忽而安静,因此,儿童舞蹈的动作要较为短促,节奏要快。

(4) 舞蹈音乐的选择。应尽量选择节奏欢快、节奏感鲜明的儿童音乐(如带有童谣的音乐)作为儿童舞蹈的伴奏,这样比较容易引起儿童的兴趣和情绪上的共鸣。而且,节拍强的音乐能对儿童动作的快慢缓急起到提醒作用,便于儿童掌握。

(二) 教授儿童舞蹈的策略

教师在教学过程中,要对整个舞蹈思路清晰。首先,示范动作要准确,要有充沛的感情和生动的语言指导。教授儿童舞蹈动作时,一定要讲清楚动作的要求、规格和要领。要注意儿童的接受能力,应该在儿童把前一个动作做到位后再教下一个动作。在教授动作的

同时，教师要把节拍数清楚，这点很重要。其次，要学会观察，了解每个儿童学习动作的特点，确保大家都能掌握动作要领。最后，要有意识地引导儿童进行创编。儿童随着音乐自由创编的动作更富于童趣，他们会通过动作把真正的想法表达出来，舞出他们的感情，舞出舞蹈的内涵。

六、幼儿园教师美术创作能力培养

主题性绘画创作主要是让学生掌握简单的色彩绘画、幼儿简笔画、装饰画的创作技能，并且能够运用学到的专业知识和技能服务于自己的教育教学实践，能够为自己在幼儿园工作奠定基础。

（一）学习素描、色彩知识的必要性

素描是绘画的基础、绘画的骨骼。画素描不仅可以培养造型能力，更有助于提高审美能力。尤其是素描中透视原理的应用，掌握好了，对于简笔画中的形象位置安排和构图都有直接帮助。掌握素描的绘画步骤，也是养成良好绘画习惯的开始。

学习色彩要掌握它的三个基本属性——色相、纯度和明度，也称为色彩三要素。色相是指能够比较确切地表示某种颜色的名称，如玫瑰红、群青。纯度是指色彩的纯净程度，它表示颜色中所含有色彩成分的比例。含有色彩成分的比例愈大，则色彩纯度愈高。明度是指色彩的明亮程度。只有正确掌握色彩的调色方法和规律，才能更加自如地表达自己的想法。

（二）主题性绘画教学的重要意义

主题性绘画是一种画面表达形式，它能够再现幼儿的心理世界和特定的环境，也能够表达出创作者的情绪。

主题性绘画教学有利于教师把握儿童画教学的目的，体验幼儿作品创作中的情绪。教师可以从幼儿自身发展的需求和教育的要求出发，运用幼儿的绘画教育理念，不断激发幼儿的学习兴趣和审美情趣，挖掘幼儿的绘画潜能。

主题性绘画教学既有利于教师与幼儿的沟通，也有利于挖掘幼儿的创作能力，能够使幼儿的思维能力不断提升，潜力得到开发。除此以外，主题性绘画教学还有利于教师学会基本的美术教学方法，并将其应用到其他美术教学活动中，实现多元化教学。

(三) 主题性绘画教学的主要原则

主题性绘画教学的目标是围绕绘画表现的基本要素提出的，它是在遵从幼儿生理、心理发展规律的基础上设置的。在进行主题性绘画教学时，要充分考虑幼儿的认知水平、生活经验和基本技能，尊重他们非常规的表达方式。可以预设适宜的目标，以情境性、创造性、审美性和适宜性为原则开展教学指导，引导幼儿创作出融合美感、技能和个性的美术作品。

(四) 主题性绘画创作的教学策略

主题性绘画创作分为"造型—表现""设计—应用""欣赏—评述"和"综合—探索"四个学段。

1. 造型—表现

"造型—表现"是指运用多种材料和手段，体验造型的乐趣，表达情感和思想的学习领域。在这一学习领域，主要是运用描绘、拓印等方法创造视觉形象。要根据学生的身心发展特点和美术水平，鼓励学生积极参与"造型—表现"活动。在教学中，应引导学生主动寻找并尝试使用不同的材料，探索各种造型方法；不仅要关注学生美术创作的结果，还要重视学生在"造型—表现"活动中的参与和探究过程。造型与表现是美术创作活动的两个方面，造型是表现的基础，表现通过造型的过程和结果得以实现。

通过"造型—表现"领域的学习，学生应达到以下目标：

（1）认识与理解线条、形状、色彩等基本造型要素，并能运用对称与均衡、节奏与韵律、对比与和谐、多样与统一等进行造型活动，激发想象力和创新意识。

（2）通过对各种美术材料、技巧和制作过程的探索及实验，发展艺术感知能力和造型表现能力。

（3）体验造型活动的乐趣，产生对美术学习的持久兴趣。

2. 设计—应用

"设计—应用"是根据选定的某一绘画主题，围绕一定的目的进行画面构思设计与制作的学习领域。在这一领域，应多交流信息，从学生的实际出发，所选主题应贴近学生的生活实际，加强趣味性、应用性，使学生始终保持浓厚的学习兴趣和创造欲望，培养设计意识和实践能力。

通过"设计—应用"领域的学习，学生应达到以下目标：

（1）了解"物以致用"的设计思想，并运用设计的基本知识和方法，进行有目的的创意、设计和制作活动，发展创新意识，提高创造能力。

（2）感受各种材料的特性，合理利用多种材料进行制作活动，提高动手能力。

（3）了解各种艺术形式的美感，提高对生活物品和周边环境的审美评价能力，激发美化生活的愿望。

（4）养成预想和事前计划的行为习惯，形成认真端正的学习态度。

3. 欣赏—评述

"欣赏—评述"是对自然美和美术作品等视觉世界进行欣赏和评述，逐步形成审美趣味、提高美术欣赏能力的学习领域。在这一领域，应注重学生的积极参与，努力激发学生的主体精神，克服以往以讲述为主的弊端，积极探索教学方式的多样化。

通过"欣赏—评述"领域的学习，学生应达到以下目标：

（1）激发参与"欣赏—评述"的兴趣，学习多角度认识和欣赏自然美及美术作品的材质、形式和内容特征，多多了解艺术大师的艺术作品，了解中外美术发展概况。

（2）逐步提高视觉感受能力，掌握运用语言、文字和形体表达自己的感受和认识的基本方法，形成健康的审美情趣，发展审美能力。

（3）逐步形成崇尚文明、珍惜优秀民族艺术与文化遗产、尊重世界多元文化的态度。

4. 综合—探索

"综合—探索"是具有综合性的美术学习领域。要寻找美术各门类、美术与其他学科、美术与现实社会之间的联结点，设计出丰富多彩的"综合—探索"领域的课程，引导学生主动探索、研究、解决问题。

通过"综合—探索"领域的学习，学生应达到以下目标：

（1）了解美术学科与其他学科的差异与联系，学习灵活运用各学科的知识设计探究性活动的方案，进行综合性、探究性的美术活动。

（2）认识美术与生活的密切关系，发展综合解决问题的能力。

（3）开阔视野，拓展想象空间，激发探索未知领域的欲望，体验探究的愉悦和成功感。

七、幼儿园教师手工制作能力培养

手工制作的能力是幼儿园教师所应具备的基本能力之一。学生通过这一课程的学习，在具备基本的手工造型能力的基础上，能够运用手工技能和技巧进行与幼儿园活动相关的综合设计与造型，将不同类型的手工制作运用到各种教育环境创设、教学活动、游戏活动和现实生活中，培养和发展美术创造力和综合设计能力。

手工制作也是幼儿非常喜欢的一项活动，它有许多形式，如折纸、布艺、综合材料利用等。它是培养幼儿动手、动脑能力，启发幼儿创造性思维的重要手段；是教师引导幼儿发挥想象力与创造力，直接用手操作简单的工具，对各种形状（点状、线状、面状、块状）的物质材料进行加工、改造，制作出占一定空间的、可视的、可触摸的多种艺术形象的一种教育活动。手工制作对于培养幼儿的注意力以及认真观察、耐心细致的习惯，对于培养幼儿的想象力和形成立体空间观念都有非常重要的作用。

幼儿园教师可以从以下方面着手，帮助幼儿提高对手工制作的兴趣和动手能力：

（1）引导幼儿学习工具和材料的基本使用方法。教师首先要注意根据幼儿的年龄特征和身心发展水平，有选择地引导幼儿学习简单工具和材料的基本使用方法。不论是进行平面手工活动还是立体手工活动，教师首先要指导幼儿了解和认识制作工具的特征及用途，并学习其使用方法。只有让幼儿在学习过程中掌握各种工具和材料的基本使用方法，才能帮助幼儿学会技能，并将技能应用到手工制作活动中去。所以，在进行手工制作时，教师可让幼儿先思考，发现问题所在，然后再用准确、浅显的语言讲解制作步骤，让幼儿通过思考，在理解的基础上掌握技能、技巧。

（2）为幼儿提供练习的机会，训练幼儿手的灵活性。训练手的灵活性是至关重要的。可先进行分步练习，再进行整体练习。分步练习可以帮助幼儿准确地掌握每一种动作的方法与要领，整体练习可以帮助幼儿掌握系列制作之间的联系与协调。如剪纸，幼儿需要分别练习剪短直线、长直线、曲线及其他各种形状，还要分别进行目测剪、沿轮廓剪和折纸剪。同时，教师还应注意幼儿的练习时间要先密后疏，即，进行分步练习时，时间短一些，进行整体练习时，时间可以相对长一些。

（3）引导幼儿将手工制作与绘画结合起来。手工制作与绘画结合在一起，可以起到相互促进的作用。在手工制作中添加绘画，能激发幼儿对手工制作的兴趣，发挥其制作与装饰的能力。如，在幼儿用纸盒制作出"电视机"后，可引导幼儿用彩笔为"电视机"画上显示屏及各种功能开关，为作品修饰、增色；在幼儿完成折纸后，可引导幼儿将作品贴在底纹上，鼓励他们通过想象为其添画富有新意的形象，组成一幅有立体感的画面，增强作品的表现力，这样不仅有助于培养幼儿的审美能力，提高他们的手工制作水平，还能提高他们的想象力、探索能力，使其思维也得到发展。

（4）将幼儿的手工制作与游戏相结合。幼儿喜欢游戏，游戏与其他活动紧密相连，把手工制作与游戏结合起来，寓教于乐，使幼儿在玩中学，可以达到游戏和教育的双重目的。如，幼儿看不懂折纸示意图，教师可以用"我是示意图"的游戏形式向幼儿介绍几种常见的折叠符号，和幼儿一起去认识、去记忆，如折叠线、折、剪开、反折等，这样幼儿在游戏中认识了折叠符号，开阔了思路，学习的主动性和积极性也会被充分调动起来。

第三节 幼儿园教师语言表达能力培养

一、幼儿园教师讲故事能力培养

故事是通过生动曲折而完整的情节、通俗易懂且形象的语言来反映社会生活的一种文学形式。讲故事是用通俗易懂的口语将故事材料描述给别人听，是一种口头艺术，是语言表达的一种特殊方式。通俗地说，讲故事就是运用有声语言和肢体语言（包括表情、手势等）把故事内容生动形象地展示出来的过程，能绘声绘色地讲一个故事，是学前教育专业学生的一种从业技能、一项教师基本功。要想提高此项基本功，应从以下方面着手：

（1）修改故事。在不改变故事原有情节的基础上，对故事的细节进行扩充，对表现故事的语言进行美化，辅之以幼儿爱听又听得懂的语言来更生动地表现故事情节。尤其要从幼儿的特点出发，通过使用叠词、象声词等方法来引起幼儿的兴趣，使故事充满童趣。

（2）学习讲故事的技巧。教师可以借助多种媒体多听优秀故事，如《鞠萍姐姐讲故事》《孙敬修爷爷讲故事》等，学习故事讲述的方式，提升故事讲述的技巧。学会在讲故事时，语言亲切、富有变化；表现动作时，可以使用各种各样的象声词，加大对角色动作的表现力度；讲故事的过程中还可以通过设置提问、预设包袱等方式来吸引幼儿的注意力等等。

（3）分析和研究故事内容，进行故事讲述练习。在掌握讲故事的技巧之后，要选择适宜的文学作品，之后对作品进行分析和再加工，并进行讲述练习，在练习过程中注意以下问题：

第一，合理运用各种拟声词。选择使用合理准确的拟声词，可以增加故事讲述的生动性和趣味性，激发幼儿的兴趣。

第二，扩充故事角色的对白。故事讲述时，若完全照搬原文的内容和对白，就会显得有些呆板，讲出来的故事也会有些枯燥。如果在讲述的时候进行想象，扩充对白，增加角色之间的互动，使语言对白贴近生活，具体形象，这样讲出来的故事就会更饱满、更真实。当然，这样做的前提是不篡改故事的原意。

第三，适当地重复和放慢语速。幼儿以无意注意为主，注意力集中时间较短。加之幼儿的认识和思维能力有限，往往不能把故事的内容全部听懂。因此，教师在讲述故事的时候需要把重要的、精彩的部分放慢语速和适当地重复，这种慢节奏的重复，既可以引发幼儿对故事内容的关注，也可以加深幼儿对故事的记忆。

第四，合理设疑和预设包袱。在讲述较长的故事时，教师不要试图一气呵成，可以在适当的时候设置提问，或者预设包袱，这样既能起到缓冲节奏的作用，又能引起幼儿的兴趣，让他们重新集中注意力来听故事。另外，对故事的开始和结束要精心设计，引人入胜的开头可以激发幼儿聆听的兴趣，寓意丰富的结尾往往能让幼儿意犹未尽。

二、幼儿园教师说课能力培养

说课是一种教研活动，是教师在特定的场合，在精心备课之后，面对同行或教研人员讲述教学活动的设想及其理论依据，相互切磋，从而使教学设计趋于完善的一种教研活动。说课也可以是一种教学的艺术表现，说课不仅要说清"怎样教"，而且要说清"为何这样教"，是提高教师教学素养、增强教师教学能力的一种有效的教学活动。此外，幼儿园教师说课必须站在理论的高度对备课做出科学的分析和解释，从而证明自己的备课是有序的，而不是盲目的；是理性的，而不是感性的。因此，幼儿园教师的说课内容一般包括以下五个方面：

（1）说设计思路。结合幼儿的身心发展水平，依据《幼儿园教育指导纲要（试行）》《3—6岁儿童学习与发展指南》等要求，简单介绍教学活动设计的思路、特色或亮点，也可简要说出设计的理论依据或理念。

（2）说教学目标。教学目标应该表述完整，即"认知—情感—能力"的二维目标，能正确使用表述目标的关键词。例如，表述认知目标的关键词有"明白、了解、理解、认识、掌握"等，表述情感目标的关键词有"积极、愿意、喜欢、体验、感知"等，表述能力目标的关键词有"比较、表达、辨别、交流"等。目标的表述要符合"最近发展区"原则，体现幼儿的年龄特点。

（3）说教学内容。说清楚教学内容选择的理由和基本信息，重点介绍教学内容的选择依据、内容适宜用哪些形式表现，以及与幼儿生活的联系。

（4）说教学方法。应说出怎样教以及为何要这样教，具体包括：要说出教学活动所采用的最基本或最主要的教法，以及其所依据的教学原理或原则；要说明教师的教法与幼儿的学法之间的联系；要说出突出重点、突破难点的方法。

（5）说教学过程。教学过程是说课内容的重要组成部分，它反映了教师的教学思想、教学个性与教学风格。教学过程应该完整规范，包括导入、展开和结束三个部分；介绍教学过程时，不仅要介绍教学内容的安排，还要讲清"为何这样做"的理论依据；要重点说明教学环节展开的逻辑顺序、过渡衔接及时间安排；要对教学过程做出动态性的预测，考虑到可能发生的变化及调整对策。

总而言之，说课是教师的一项教学技能，也是教师提高业务的重要途径。在说课中，教师要树立创新的意识和勇气，敢于说出新的思路和方法，使听者得到启示，有所受益。

三、幼儿园教师家园沟通能力培养

《幼儿园工作规程》第四十八条指出："幼儿园应主动与幼儿家庭配合，帮助家长创设较好的家庭教育环境，向家长宣传科学保育，共同担负教育幼儿的任务。"家园共育是素质教育的立足点，教师要与家长建立平等合作的伙伴关系，共同生成能促进每个幼儿最大限度发展的教育。

对于幼儿园教师而言，与家长沟通，积极寻找教育幼儿的最佳切入点，从而提高教育质量，发展幼儿的个性，显得尤为重要。这里的沟通，是指在幼儿的发展与教育上，家园双方随时互通信息，交流看法，以求全面了解幼儿的发展情况，在教育上取得共识，从而共商教育策略，协同进行教育。因此，幼儿园教师应该如何有效地与家长沟通，主要从以下方面探讨：

（一）教师应掌握与家长交流的语言艺术

幼儿入园后，家长就会不时听到教师对自己孩子的评价。幼儿有时表现好，有时会犯一些小错误，有的教师在向家长汇报幼儿的情况时，似乎没看到幼儿的优点，总是向家长告状，说幼儿这也不是，那也不行，这往往会使家长难以接受。作为教师，应客观地向家长告知幼儿的在园情况，而不应该掺杂主观色彩和情绪。教师应该用平和的语气，以委婉的态度和一分为二的观点与家长交流。可以先向家长介绍幼儿的优点，然后指出幼儿的不足之处或需要改正的地方，这样便于家长接受。

（二）教师应耐心辅导家长运用科学育儿方式

许多家长由于对幼儿的年龄特点不了解，不知道如何教育幼儿，有时教育方式很不恰当，一味地溺爱，甚至放纵。教师作为有一定育儿知识的专业人员，遇到问题应通过各种方式启发、引导家长，让他们了解幼儿的身心特点，更新教育观念，掌握正确的育儿方法。

(三) 教师要以换位的思维方式与家长沟通

如今,幼儿园教师日益年轻化,许多教师尚未有为人父母的体验,有的即便已经做了父母,在与家长沟通时,也常常会遇到难以达成共识的局面。这就要求教师了解父母的角色,并从父母的立场出发,去体会家长的心情和需求。幼儿在集体活动中有时难免会碰伤、擦伤,家长必然会心疼,而有的教师表现得若无其事,认为家长大惊小怪,这样就会使家长觉得教师对自己的孩子不够关心,对工作不够负责,进而影响到家长与教师的关系,使家园沟通产生障碍。如果教师站在幼儿父母的角度换位思考,就能够理解家长的心情了,处事态度也会大不相同,家园沟通也就不会受阻。

(四) 教师应采用多种方法与家长沟通

第一,家长委员会。教师要充分发挥家长委员会的作用,如举办大型家园共育活动,可请家长委员会的代表参与制订方案并一起组织实施。此外,还可通过家长委员会了解家长们真实的心声。

第二,家长义工。许多家长素质较高,并且有参与幼儿园活动的愿望和能力。教师可以以幼儿为中介,让家长自愿报名,然后根据活动内容选择具有相关知识能力的家长作为义工共同备课,保证质量。家长义工活动的开展为教师与家长、家长与家长之间提供了交流经验和共享资源的机会。教师可以从家长的专业知识、生活经验中获得帮助,家长可以从教师那里获取教育经验技能,而且能够更加了解教师的工作。

第三,家长辩论会。以往的家长会多以教师说教为主,家长兴趣不大。教师可以改变旧的形式,把家长会改为家长辩论会。教师举出班上幼儿最具代表性的事例,让家长分析讨论,各抒己见。在激烈的辩论中,家长能够更新教育观念,对照事例反思自己的教育行为,并产生学习和参与各种教育活动的兴趣。待家长发言完毕,教师再有的放矢地发表意见,表明观点,介绍经验,可以收到事半功倍的效果。

第四,家长园地。家长园地是幼儿园与家长沟通的一个重要窗口。教师准备一块小天地,将家长请到家长园地中来,如"夸宝宝"栏目可以请家长写出幼儿在家时好的表现,"我的育儿心得"栏目可以请家长畅所欲言,"我的问题"栏目可以请家长写出自己的困惑,等等。因此,家长园地要调动家长积极参与的兴趣,增加家长参与的深度和广度。

第五,家园共育袋。教师可以为每个幼儿准备一个家园共育袋,每周都将幼儿所学的内容及作品全部放入袋子中,还可随时将幼儿的在园情况、教学内容及需要,家长给予的帮助等写好,放入袋子中,由于袋子里装着幼儿的小小成果,家长很乐意每个周末将袋子带回家,周一再带到幼儿园。另外,家长对教师的工作有何意见、要求都可写下来装入袋子中,以助于教师工作的改进。家园共育使忙碌的家长能更了解幼儿的发展情况,这种无声的交流也能够促进教师与家长的沟通。

第六,个别化的家园沟通。每个幼儿个性不同,家庭环境不同,家长的文化素质不同。因此,大量的经常性沟通是家园沟通的方式,主要有:家访、约谈、使用家园联系册、打电话、传便条以及接送孩子时交谈等。如今,许多幼儿园都安装了宽带,并且实现了班班通,这就拓宽了沟通渠道,网上交谈也很方便。个别化的沟通要着重针对每个幼儿的个别问题和不同家长在教育上的不同问题而进行,以促进幼儿的身心发展为目的。

教师与家长在沟通上都有责任,但教师应更主动些,并且要努力为沟通创造条件。教师要想真正从狭隘的教育观中走出来,就必须充分认识到家长工作的最终目的在于实现家园合作,共同为幼儿奠定良好的素质基础。

总而言之,教师要为与家长的沟通做出努力,要换位思考,善于与不同类型的家长相处;被家长误解时要保持冷静,善于自控;遇到矛盾时要主动反思,为使沟通渠道更加畅通做出努力。

教师与家长沟通的艺术,关键在于教师与家长之间建立相互信任、相互尊重、相互支持的伙伴关系与亲密感情。而这种关系与感情的建立首先取决于教师的态度与行为:对幼儿的关爱、对工作的责任感、对家长的尊重和理解。同时,在与家长的沟通中,教师的教育思想、育儿方法、知识技能等均能得到不同程度的提高。做好家园沟通工作,教师受益匪浅。

第四节 幼儿园教师专业成长能力培养

一、幼儿园教师调查研究能力培养

教育研究中的调查法,是指在科学的方法论和教育理论的指导下,围绕一定的教育问题,运用问卷、访谈、测量等方式,有计划、有目的地收集有关的事实材料,从而做出科学的分析并提出具体工作建议的一种研究方法。

幼儿园开展课题研究时,如果要了解某种教育现状,常常需要运用调查法。例如,开展"幼儿攻击性行为产生的原因及其矫正策略"这个课题的研究,就需要运用调查法,调查了解幼儿攻击性行为所占的比例、存在哪些攻击性行为,以及攻击性行为产生的原因。

在调查研究的基础上,探索矫正幼儿攻击性行为的主要策略。

(一) 调查的分类

1. 按照调查对象分类

教育研究中的调查,按照调查对象的范围,可以分为普遍调查、抽样调查和典型调查。

(1) 调查也叫全面调查,是对某一范围内所有被研究的对象无一遗漏地进行调查。如全国人口普查、全国农业普查、全国工业普查都属于普遍调查。

(2) 抽样调查是从被调查的总体中抽取样本进行研究,并根据调查结果来推断或说明总体的某些特征的调查。抽样的方法有很多,比较简便的有简单随机抽样、整群抽样和分层抽样。

(3) 典型调查是从调查范围内的所有对象中选取一部分有代表性的对象进行深入调查。如,调查幼儿学习时注意力不集中的情况,就可以采用典型调查,确定几名学习时注意力不集中的典型进行深入调查。典型调查的关键是选好典型,典型一定要有代表性。

2. 按照调查方式分类

按照调查方式,可以分为问卷调查和访谈调查。

(1) 问卷调查,简而言之,就是以问卷的形式收集资料的一种调查研究方法。

(2) 访谈调查,简而言之,就是通过访问和召开座谈会的形式收集资料的一种调查研究方法。在教育调查研究中,经常需要将问卷调查和访谈调查结合起来运用。

(二) 调查法的实施步骤

在教育研究中采用调查法,一般按照以下步骤实施:

第一步,做好调查准备。调查研究成功与否,很大程度上取决于调查前的准备工作是否充足。调查前的准备工作一般包括以下方面:一是,明确调查目的。调查者必须明确通过这次调查所要达到的目的,以及通过调查要回答和解决的问题。二是,制订调查计划。开展调查前,必须制订调查计划。制订调查计划就要对以下项目做认真、细致的设计:①调查的任务和内容;②调查的对象和范围;③调查的方法和手段;④调查的步骤和时间安排;⑤调查的组织领导和人员分工。三是,编制调查工具。如果采用问卷调查法,就要编制调查问卷;如果采用访谈调查法,就要设计访谈提纲。

第二步,实施调查。

第三步,整理分析资料。对调查收集来的资料,必须通过整理使之系统化。整理资料时，应根据资料的不同性质采用不同的整理方法：对叙述性资料，要用明白流畅的文字加以整理；对数据性资料，要用统计法、列表法和图示法加以整理。对整理好的资料要加以分析，做出清楚的解释，并归纳出结论，然后提出改进的建议。

第四步，撰写调查报告。

(三) 调查问卷的设计要领

1. 问卷的结构安排

问卷是调查研究中用来收集资料的主要工具，其用途是研判人们的行为、态度和社会特征。问卷一般由以下部分组成：

(1) 题目，由调查内容加上"调查问卷"一词构成，标在问卷之首，如《幼儿园教师阅读现状调查问卷》。

(2) 封面信，即一封写给被调查者的信。它的作用在于向被调查者介绍和说明调查的目的、调查者的身份、调查的大致内容、调查对象的选取方法和对调查结果的保密措施等。封面信的语言要简明、中肯，篇幅宜短不宜长。

(3) 指导语，即用来指导被调查者填答问卷的各种解释和说明。一般可以将封面信和指导语放在一起写。

(4) 问题和答案。这是问卷的主体，也是问卷设计的主要内容。

2. 问卷的问题设计

问卷中的问题可分为封闭式问题和开放式问题两类。封闭式问题，就是在提出问题的同时给出若干个答案，要求被调查者根据实际情况进行选择。开放式问题，就是只提出问题，不为被调查者提供具体答案，由被调查者根据自己的情况自由填答。

3. 问卷设计的注意事项

设计问卷时，要注意以下方面：①言简意赅（问题要简单明了、含义确定）；②一题一义（每一个问题只含一个要点或一个意义，切忌一题多义）；③答案穷尽（答案要包括所有可能的情况）；④答案互斥（答案之间不能出现互相包含或交叉重叠的情况）；⑤由易到难（先提简单的、容易引起被调查者兴趣的问题）；⑥分量适度（问题太多会让人望而生畏，问题太少又不能说明问题）；⑦层次分明（问题应按照一定的逻辑顺序排列）。

二、幼儿园教师文案工作能力培养

（一）工作总结的内容

工作总结就是对一个时间段的工作做一次全面系统的总检查、总评价、总分析、总研究，并分析成绩和不足，从而得出可引以为戒的经验。工作总结是应用写作的一种，是对已经做过的工作进行的理性思考。工作总结一般包括以下内容：

（1）基本情况。这是指对自身情况和形势背景的简略介绍。自身情况包括单位名称、工作性质、基本建制、人员数量、主要工作任务等。形势背景包括国内外形势、有关政策、指导思想等。

（2）成绩和做法。工作取得了哪些主要成绩，采取了哪些方法、措施，收到了怎样的效果等，这些都是工作的主要内容，需要较多事实和数据作为支撑材料。

（3）经验和教训。通过对实践过程进行认真分析，找出经验教训，发现规律性的东西，将感性经验上升到理性认识。

（4）今后的打算。这是指下一步将怎样发挥优势、纠正错误，准备取得怎样的新成就。

（二）观察记录的分类

观察记录是通过观察和探索，把自己的所见、所闻、所思、所得用不同的形式记录下来的过程，它是收集多种信息的重要手段。观察记录的分类方式及其范畴主要有以下方面：

1. 根据记录形式分类

（1）开放的日记式或轶事性记录。该记录方式在局部观察、随机观察中经常使用，类似于日记或记叙文。这种记录常常是一种个案研究，或是对某一个特定问题的思考。它追求"质"，而不保证"量"；它常常没有预设的结构，不对情境做出人为的分解，而是尽可能地从某一个角度保持情境、对象的真实性和完整性。写作要求：对特定事件的记录，无论是以事后还是以现场的方式进行，都应当尽可能包括原始记录、记录者的观点与理解，以及完整的过程与场景。

（2）表格记录。这种记录方式在整体观察、结构观察和实验观察中经常使用，它根据预先设计好的表格对场景中的内容做出反应和判断。表格记录根据观察的目的、时间的跨度和长度，可以分为以下三种：

第一，常规性、长期性和连续性的表格记录。在幼儿园，这种表格常用于记录个案幼儿的发展情况，园务制度、班级规范等成文条款的执行情况，各环节活动的整体概况，幼儿园各部门的一般活动情况，等等，也就是日常的事情。这种记录应当纳入幼儿园的管理体系，形成习惯性的制度，并渗透到教师的日常工作中。

第二，主题（问题）性、阶段性和连续性的表格记录。教师为了解决特定的问题，常常需要在采取具体的措施之前进行一定的调查和了解，制订有针对性的计划、行动方案，检验计划的结果并做出反馈。如果问题比较复杂，涉及各方面的因素较多，难以在短期内做出最终决定，那么，根据有关的因素和方面设计表格来进行阶段性的、系统连续的记录就很有必要。

第三，研究性的、定期的、间断进行的表格记录。前两种表格记录在时间上都是被动的，即记录的时刻取决于活动的内容，处于哪个环节、发生怎样的内容就做怎样的记录，因而是随意的。而这种表格记录在时间上则是主动的，因为何时记录、记录多长时间，都由观察者根据其研究目的，而不是活动内容来确定，因而它不是随意的。前两种观察都是连续性观察，而第三种观察则是取样观察；前两种观察都针对一个整体性的情况，而第三种观察则针对局部的发展或专门的行为。

2. 根据观察时间分类

（1）现场记录。现场记录所获得的完全是第一手的资料，相对而言容易保证局部和细节的真实性。缺点是无论在怎样的情况下，它只能记录行为的片段，以及一些突出的或者有显著意义的行为，而不可能是全面的、完整的和连续的；尤其不容易注意到一些潜在的、次要的或场景外部的因素和影响，因为观察（有时候甚至是参与式的观察）和记录同时进行，在时间和精力上得不到充分的保障。

（2）事后回忆记录。这种方式常用于开放的、质的记录。采用事后回忆记录通常与以下因素有关：观察者采用深入的参与式观察，要求完全卷入当前的事件中去，不能分心做观察记录，或者为了避免对观察对象产生不必要的干扰，不得不采用事后回忆的记录方式；记录一个连续而完整的事件；人对环境的知觉是整体知觉，其间获得的大量信息都是本人没有意识到也不能意识到的，因此，在观察现场没有意识到，事后却可能因为某种联想或触动而回忆起来，从而可以丰富记录内容的背景和细节。

（3）现场记录和事后记录相结合。这种方式通常用于质的记录。在当前的社会科学中，在进行个案记录或深入访谈的时候，由于基本上不可能在现场记录完整的事件或行为，但又要保证第一手的、真实的和一些瞬间的信息，所以研究者经常采用现场记录和事后记录相结合的方式。

(三) 工作计划的分类与内容

工作计划是行政活动中使用范围很广的重要公文，也是应用写作的一个重头戏。机关、团体、企事业单位的各级机构，对一定时期的工作预先做出安排和打算时，都要制订工作计划，用到工作计划这种公文。

1. 工作计划的分类

工作计划有许多种类，它们不仅有时间长短之分，而且有范围大小之别。从计划的具体分类来看，比较长远、宏大的为"规划"，比较切实、具体的为"安排"，比较繁杂、全面的为"方案"，比较简明、概括的为"要点"，比较深入、细致的为"计划"，尚未成形、比较粗略的为"设想"。无论使用何种称谓，它们都属于计划文种的范畴。

根据不同的角度，工作计划可以分成很多类：按时间的长短，可分为长期工作计划、中期工作计划和短期工作计划，年度工作计划、季度工作计划、月工作计划和周工作计划；按紧急程度，可分为正常的工作计划、紧急的工作计划和非常紧急的工作计划；按制订计划的主体，可分为自己制订的工作计划、上司下达的工作计划，以及同等职位请求协助完成的工作计划；按任务的类型，可分为日常工作计划和临时工作计划。

2. 工作计划的内容

工作计划一般包括以下内容：

（1）开头，或阐述依据，或概述情况，或直述目的，要写得简明扼要。

（2）主体，即计划的核心内容，阐述"做什么"（目标、任务）、"做到什么程度"（要求）和"怎样做"（措施、办法）三项内容，要写得既全面周到，又有条不紊、具体明白，全面工作计划一般采用并列式结构（任务、措施分说）。

（3）结尾，或突出重点，或强调有关事项，或提出简短号召。当然，也可不写结尾。

三、幼儿园教师职业倦怠心理调适能力培养

职业倦怠（burnout）指个体在工作重压下产生的身心疲劳与精力耗竭的状态。教师职业倦怠是指教师应对工作压力时的一种心理反应，是教师在长期压力下情绪、态度和行为的消极状态。主要表现在三个方面：第一，情绪衰竭。教师的情绪和情感处于极度疲劳状态，常常表现出情绪低落、烦躁易怒、精神不振、缺乏热情与活力、对他人的容忍度和工作满意度降低等，教学工作中的成功及类似新课程改革等重大事件也较难引发工作的激情和热情，没有创新的欲望，仅满足于应付任务，甚至厌倦教学工作。第二，态度和行为冷漠。教师对学生缺失人性化的态度，具体表现在：教师常常不愿接触学生，对学生冷漠、

厌烦，常常用带有蔑视性的标签式语言来称谓和描述学生，体罚和变相体罚学生，将学生视为无生命的物体来看待。对同事疏远，逃避交往或拒绝与其合作。第三，缺乏成就感。教师常常表现出对自己工作意义与价值的评价降低，工作胜任感和成就感下降。由于教学中不可避免地遇到困难，家长、社会对教师期望的增加，学校、同事对教师关心支持不够，使很多教师体验不到工作的成就感与幸福感。

团体心理辅导是在团体的情境下进行的一种心理辅导形式，它是通过团体内人际交互作用，促使个体在交往中观察、学习、体验，认识自我、探索自我、调整改善与他人的关系，学习新的态度与行为方式，以促进良好的适应与发展的助人过程。团体心理辅导的功能与目标有三个层次：矫治、预防和发展，且预防、发展重于矫治。也就是说，不是教师出现了心理问题才需要进行团体心理辅导，而是通过辅导，一方面帮助教师掌握有关知识和社会技能，学会用有效的、合理的方式满足自己的需要，提高人际交往水平，学习自主地应付由挫折、冲突、压力、焦虑等带来的心理困扰、不适的体验，防止心理疾患的产生，维持正常的生活和学习；另一方面协助教师树立有价值的生活目标，认清自身的潜力和可以利用的社会资源，承担生活的责任，发挥个人的潜能，过健康快乐的生活。

心理情景剧实际上是精神分析学派的一种治疗方法，让来访者把自己的焦虑或者困惑用情景剧的方式表现出来，心理咨询师在一旁点评，并借此对来访者的心理问题进行指导治疗，而来访者在咨询师指导以后继续表演情景剧，直到最终对自己的问题解决有所帮助。心理情景剧通过团体成员扮演日常生活问题情境中的角色，使成员把平时压抑的情绪通过表演释放出来，同时学习人际交往的技巧及获得处理问题的灵感并加以练习。

理性疗法（REBT）是由美国心理学家阿尔伯特·艾利斯（Albert Ellis）于20世纪50年代创立的。理性情绪疗法的治疗整体模型是"ABCDE"，是在艾利斯的"ABC理论"基础上建立的。他认为人的情绪和行为障碍不是由于某一激发事件直接引起的，而是由于经受这一事件的个体对它不正确的认知和评价所引起的信念，最后导致在特定情境下的情绪和行为后果，这就是ABC理论。通常认为情绪和行为后果的反应直接由激发事件所引起，即A引起C。而ABC理论指出，诱发性事件A只是引起情绪及行为反应的间接原因，而人们对诱发性事件所持的信念、看法、解释B才是引起人的情绪及行为反应C更直接的原因。按照理性情绪疗法的观点，人们有无以计数的信念，它包括认知、想法和主意等。这些信念是影响认知、情绪和行为结果的直接和主要因素。尽管看起来好像是诱发性事件引起结果，但B处于A与C之间，是A更直接的原因。人们总是按自己的信念认识A，并按照带有偏见的信念和一定情绪的结果去认识和体验A。因此，人们实际上从来不会体验到没有信念（B）和结果（C）的诱发性事件（A），而没有诱发性事件（A）也体验不到信念（B）和结果（C）。信念可以有不同的形式，因为人们有各种各样的认知形式。

在理性情绪疗法中，主要关注的是合理的信念和不合理的信念，前者导致自助性的积极行为，而后者则会引起自我挫折和反社会的行为。理性疗法通过自我分析，让具有职业倦怠心理的幼儿教师，分析自己在遇到倦怠心理的诱发性事件之后的思维过程，判断哪些是理性的，哪些是非理性的，并逐渐意识到那些非理性的想法与自己的职业倦怠心理之间的关系，从而学会从具体事例中抽象总结出支持不良情绪和感受的不合理信念，找到可以替代它的健康信念。这种认知经验有助于以后学习调控自己的情绪，对不合理的信念及思维过程进行反驳，同时树立和强化与其相反的健康信念，用健康信念代替不合理信念。

四、幼儿园大型活动策划与组织能力培养

幼儿园大型活动是指有目的、有计划的、非个别班级的师幼参与的、具有一定规模的综合性教育活动。

（一）幼儿园大型活动的分类及形式

幼儿园大型活动种类繁多，根据活动目的可分为以下方面：
(1) 节庆活动：包括"六一"、新年、圣诞、"三八"等节日的庆祝活动。
(2) 园庆活动：包括幼儿园开园庆典、周年庆典等活动。
(3) 入园、毕业活动：包括迎接新幼儿、欢送毕业生等活动。
(4) 体能活动：包括运动会、郊游、远足等活动。
(5) 特色活动：根据幼儿园办园特色而开展的活动，如艺术节、科技节、早餐会等。

幼儿园大型活动的形式也是多种多样的，如舞台表演、亲子游戏、慰问联谊、春游秋游、冬夏令营等。

（二）幼儿园大型活动的具体要求

(1) 鲜明的目的性。幼儿园的各项活动都应有明确的目的，大型活动因涉及人员广，更要目的明确，使全园人员朝着目标共同努力。

(2) 周密的计划性和可操作性。参与幼儿园大型活动的主要是幼儿，因此，应针对幼儿的身心发展水平、无自我保护能力等特点，制订周密、详尽而具体的计划，并且责任到人。

(3) 强调社会化与传媒性。既然是大型活动，就应该有众多人员参与，但并不是参与的人数多就是大型活动。大型活动与小型活动的根本区别不仅在于参与人员的数量，而且在于活动的社会化程度。同时，大型活动是幼儿园的宣传窗口，这也是在策划大型活动的

过程中必须考虑的一个很重要的因素。

(三) 幼儿园大型活动策划的原则

(1) 系统性和渗透性原则。幼儿园大型活动本身就是幼儿园整个教育活动的一部分,其内容和形式均与园内的其他活动密切相关;同时,它也自然地渗透于幼儿园的教育活动中,也可以是多种活动在某一方面的汇总和提炼。幼儿园大型活动要体现出渗透性和系统性原则,并能反映出幼儿园的办园水平、办园质量和教育观念。它可以是系列主题活动,也可以是单个的、典型独立的活动。

(2) 参与性原则。参与性原则要求所有幼儿的参与,正如《幼儿园工作规程》中所要求的,"教育要面向全体幼儿"。大型活动中也应为每一个幼儿提供展示和表现的机会,让每一个幼儿都得到发展,这是学前教育的使命。也只有这样,幼儿园才能赢得社会和家长的认可。

(3) 综合利用原则。组织一次大型活动往往需要幼儿园投入大量的财力、物力、人力,如何既能保证活动质量,又能减少开支和人力消耗,这就要求教师善于利用一切可以利用的资源。综合利用原则包含以下两方面的内容:

第一,废旧材料与幼儿作品的综合利用。如美术活动结束后,幼儿的画作、手工制作等都可用来装饰环境,或投放到相关的活动区域作为游戏材料,既节约了开支,减少了浪费,又体现了参与性原则,使幼儿获得认同感与成就感。

第二,可调动人员的综合利用。可调动人员主要包括幼儿和家长。如,邀请家长参与制作服装道具,家长就能真正体会到教师的辛苦,同时认识到教师的聪明才智;"家庭才艺大比拼"大型活动的策划安排,为每个家庭提供展示的舞台,幼儿全家老少齐上阵,编排节目,准备物品,群策群力,不仅能充分调动家长的积极性和主动性,拉近家长与幼儿园的距离,也能为幼儿园节约人力、物力。

(4) 安全性原则。再好的活动如果没有安全性作保障,都将付出惨痛的代价,因此安全性原则是幼儿园大型活动策划应遵循的最根本原则。安全性原则要求设计活动时一切从实际出发,预测可能发生的意外,确保安全,如,检查场地、器材、道具的安全,活动中内容和形式的安全,教师的安全意识,以及其他可能发生的安全问题。如果发现存在安全隐患,应立即调整方案甚至取消活动,决不能抱有侥幸心理。同时,任何一次大型活动中都应该有安全预案的策划与准备。

(5) 创新性原则。幼儿园大型活动具有反复性,如年年庆"六一"、岁岁迎新年……如果缺乏创新意识,这些活动将会流于形式、周而复始,幼儿、家长都会失去兴趣。这样不仅失去了活动的意义，甚至会带来负面影响。在幼教市场竞争日趋激烈的今天，创新已成为幼儿园生命力的重要因素。大型活动作为幼儿园的宣传窗口，其具有创意的策划更能集中体现教师的创新思维与创新能力。

（四）幼儿园大型活动组织的流程

第一，明确活动的组织目的、指导思想和开展依据。

第二，明确活动的参与主体、主管部门（单位）、主办部门（单位）、协办单位（机构）、赞助单位（机构）、参与单位（机构）等。

第三，活动准备阶段。成立组织（活动组织委员会），召开组委会工作会议（至少一次，可根据情况召开多次）；活动审批手续办理；起草、下发活动组织文件（通知、宣传材料）；确定活动的举办地点；明确活动开始和持续的时间；新闻媒体的参与、媒介宣传；通知需要参加活动的单位（人员），并告知注意事项；准备好活动需要分发的文字材料；活动场地的联系及布置；活动服务保障人员的安排及培训；外地参加活动人员住宿、就餐地点预订；经费预算、物资保障预算；制度安全保卫措施；向有关领导（部门）汇报活动的准备情况；制定活动程序册。

第四，活动举办预备阶段。会务组进驻；活动服务保障人员开始工作；检查各项准备工作的落实情况；组织参加活动的单位（人员）报到；外地参加活动人员的接机、接站；提前通知有关领导；准备领导讲话稿。

第五，活动举办阶段。举行开幕式（闭幕式）；活动进行中的组织协调（收集情况、协调矛盾、处理纠纷等）；活动的宣传报道。

第六，活动收尾阶段。外地参加活动人员的送机、送站；活动服务保障人员逐步减少、解散；物资归位，文件归档；经费物资结算、决算；可视情况召开组委会最后一次会议，通报活动的组织情况；做活动总结；向有关领导（部门）汇报活动的组织情况，有些重要活动还需在活动后发情况通报；活动后的监督和落实。

第五节　幼儿园教师健康教育胜任力培养

一、职前培养应重视健康知识系统学习

幼儿园保教工作质量及教师健康教育素养得到国家层面的重视，但对健康教育能力的

培养在学前教师职前教育中并未获得一致回应，从健康教育所占学分比例、内容及课程实施可为证明。目前，高校学前教育专业所有课程总学分超过100学分，但其中与健康教育有关的课程通常最多占4个学分；健康教育内容设置上，幼儿生理知识和身体健康知识受到重视，但心理健康还未受到关注；课程实施主要通过讲授完成。可见，健康教育在学前教师职前培养的课程中占比很低，身体健康教育与心理健康教育内容不均衡。此外，缺乏健康教育实践操作的机会。

因此，为提升幼儿园教师有效应对不断出现的突发卫生事件的能力，切实保护幼儿身心健康，应在幼儿园教师职前培养中逐步地、有计划地增加健康教育课程占比，同时，依据现实需求调整、丰富心理健康教育内容，将健康通识性知识和幼儿应急卫生保健知识系统学习纳入其中，并重视健康教育实践能力的锻炼。鉴于幼儿健康教育评价是实施健康教育的前提和始点，需要特别重视从职前培养之时发展未来教师幼儿健康教育需求评估能力、健康教育活动实施效果评价能力。

二、职后教育应通过多元化途径实施健康教育

教师健康教育胜任力在专业背景、是否转岗、从教意愿及园所性质等特征上呈现显著差异。据此，职后培训应针对差异进行分层设计，针对非专业教师、转岗教师安排实用性强的幼儿健康教育内容；针对非主动意愿从教教师实施的培训除涵盖上述内容外，还应加强师德教育及教师心理健康内容，并在高中阶段重视职业生涯规划引导，加强各类专业介绍，避免专业盲目选择；针对非一级一类教师应更注重健康教育实施技能提升。此外，幼儿园教师健康教育培训应注重"生活在场"，即针对幼儿成长生态环境特点，提升教师利用生活契机，在生活情境中实施健康教育的能力。

同时，培训应将理论与技能结合，侧重解决实际问题和健康教育技能学习；运用多元化培训途径，除健康专门化知识讲座之外，通过自主反思、问题聚焦、案例研讨、观摩学习、实践操作和成果交流路径展开培训，这将有利于幼儿园教师快速掌握、内化幼儿健康教育知识，自觉转化并运用于保教实践中。基于幼儿是一个发展整体的理念，为促进其身心全面和谐发展，培训还应提升教师将健康教育与其他领域教育融合的能力。

三、通过园本教研提升教师健康教育专业能力

园本教研作为教师健康教育专业能力提升的主要路径，旨在提高教师健康保教质量和实践技能。幼儿园应建立健康教育园本教研制度，完备评价和监督功能，通过设置相同特质教师工作坊，形成教师专业成长共同体。增加各教师工作坊间的交流和学习，历练教师

健康教育实践反思与问题分析能力。重视教师健康教育实践经验的价值，充分挖掘教师个人在健康教育中的成功经验。创设宽松、自由的支持环境，鼓励教师进行健康教育知识提炼与分享，实现不同特质教师之间健康教育资源有效流动，特别是新教师与资深教师之间健康教育有效经验的传递。鼓励开展幼儿健康教育园际教研，拓宽不同级类园所健康教育成果交流平台。

幼儿园可考虑以健康教育课题研究为切入点，聚焦健康教育保教实践中的问题，凝练研究主题，吸纳专家智慧资源，开展行动研究，边实践、边研究，随着健康教育研究的推进不断反思和调整健康教育行为，将研究成果运用于幼儿保教实践中，切实助力幼儿身心健康成长。

此外，鉴于幼儿身心和认知特点，幼儿园教师应考虑建立幼儿健康教育家园联盟，重视真实生活对幼儿健康成长的重要价值；保持家园健康教育一致性，巩固健康教育成果。

第五章 基于多元背景下的学前教育专业的融合

第一节 新文科背景下的1+X课证岗能融合体系

一、1+X证书制度下学前教育"课证岗能"体系构建

（一）设置专业导向课程

职业教育的教学实践证明，在理论实践教学中很难激发学生的学习热情，而提高生活能力的技能训练和技术训练往往能激发学生的学习动机，这也是学生就业的核心能力。学校可以充分利用好自身的教育资源，改变传统的教学模式，将课堂带入幼儿园区，以工作环境为课堂环境，以实践教学代替书本教学，以示范性教学代替理论性教学。根据学前教育专业的学科特点，引导学生认识到职业的基本规范和幼儿教师的基本职责，把实践操作，例如演说课设置为家庭作业。加强学生学习与工作内容的结合。学校进了园区，让学生进入教室，到岗位对接职业技能水平标准；同时根据丰富的网络教学资源，学生可以在线学习学前教育的新理念。

"课证岗能"无缝对接可以综合以上教学模式形成一个完整教学体系：学校与幼儿园合作，双方根据岗位需求联手制定出一套合适的教学体系、课程体系及培养目标，邀请幼儿园方面参与教学，以职业技能证书的方式考核，提升学生的专业素养和实践能力。一方面，学校应该系统研究学前教育职业能力的要求、培养方式、考核标准等内容，根据"1+X"证书制度的要求减少部分不必要的理论课程，增加与职业能力衔接的课程，结合职业实际需要调整、增加实训课程。

课程设置要"考虑职业资格证书对职业能力的要求，学校可以主动邀请行业专家来共同开发专业课程,将证书所需要的职业能力融入课程内容中去"①。另外,学校应提前做好教育调研,了解当下市场需要学前教育人才具备怎样的能力,根据不同岗位所需要的能力来选择要开设的学前教育专业课程。

(二) 建设高质量师资队伍

职业教育改革的最大挑战是教师。要跟上时代和技术的步伐,教师必须在专业理论知识和操作技能上与时俱进,在教学理念上要有创新意识。"课程证书与岗位能力"② 的无缝衔接,需要一支理论扎实、操作熟练、了解专业岗位需求、熟悉专业技能水平标准的教学创新团队。目前大多数职业教育教师从校园到校园,从课堂到课堂,培养"双型"教师,结合国家指导方针关于建设"双型"教师的指导文件,认真落实教师资格证书的实践下的企业政策,定期定点锻炼,提高学校教师的实践能力,改善教师理论教学与实践操作的脱节;通过聘请与学校有长期合作协议的幼儿园高级教师或校长任教,建立稳定的校外兼职教师队伍,提高教师的实践和专业水平。派遣教师参加1+X证书教师培训,提高教师操作技能,熟悉专业技能水平标准;鼓励部分在专业领域具有扎实专业知识和威望的教师参与制定1+X证书职业技能水平标准,以便更好地便利课程证书整合渠道。

学校应严格控制教师招聘、在职教师培训和考核的质量,加强职业学校学前教育师资力量。随着高校对职业能力培养的重视,高校学前教育专业应树立前瞻性意识,建立一支能够培养学生职业能力的教师队伍。学校在招聘教师时,应选择具有幼儿教学工作经验的教师,并定期对在职教师进行培训和考核。在选择兼职教师时,要考虑教师的专业能力和工作经验。

(三) 完善职业能力考核

高校可邀请一线教师和学生代表,共同探讨建立学前教育专业学生职业能力评估机制,充分听取各方意见和建议,使评估体系更加合理。职业学校还应综合运用多种考核方法,注重形成性考核和过程性考核,使考核更加科学公正。学前教育专业的一般职业能力包括职业道德素质、人际交往能力、团队合作能力和社会适应能力,这种能力主要体现在学生的日常活动中,而不是简单地由一纸一笔的考试形式来确定,所以高校可以为学前教育专业学生设置个人日常表现量化表,将一般的职业能力分解为每个小项目,如上课表

---

①丁馨. 从1+X证书制度看高职院校"双师型"教师队伍建设 [J]. 教育与职业, 2021 (1): 78—82.
②陈璐. 职业院校推进1+X证书制度试点工作的策略 [J]. 教育与职业, 2021 (02): 13—18.

现、上课出勤、个人卫生、诚信、参加活动等，根据学生的日常活动表现相应得分，每学期计算出每个学生本学期日常表现的总分，以评估学生的一般专业能力。

学校也可以采用自我评价和相互评价的方式来考核学生的一般职业能力。高校学前教育专业要加强学生专业能力的培养意识，鼓励学生入学后与师长沟通，通过多渠道了解本专业未来的就业方向，加强对学前教育专业的认同。学校应充分利用好职业生涯规划课程，使学生了解专业技能，幼儿教育专业应具备专业能力，使他们积极认识到幼儿教育专业能力的重要性，激发他们的内在动力，帮助他们制定切实进步的学习任务和目标，明确自己的各个阶段，提高职业能力。这样可以使培训目标具体化，从而使职业能力的培训更具针对性，防止培训过程中的盲目性。

综上所述，在学前教育稳步发展并日益重要的当代社会，高等职业学校学前教育职业能力培养的研究不仅是对我国职业教育人才培养的探讨，也对"1+X"认证制度的实施进行了探索，为其他学者今后开展相关研究提供了一些思路。首先，学前教育的职业能力培养模式多种多样，很难进行全面研究。因此，不能对每一种培训模式都进行研究。其次，主要结合国内外研究成果，结合实际研究成果对建议进行总结。实际的实施效果还需要进一步的实践检验。最后，"1+X"证书制度还未覆盖到学前教育专业，职业能力的培养是否符合"1+X"证书的要求还有待观望。

二、新文科背景下 1+X 课证岗能融合研究

1+X 课证岗能融合，就是教师资格证加上若干个职业技能等级证书，并与岗位、课程进行融合，当前部分高校已经全面实施这一制度了，通过 1+X 课证岗能融合制度鼓励本科学生在取得学历证书时，积极参与教师技能证书的考核，获取更多的职业技能等级证书，进而为学生就业提供多层保障。但是当前高校在实践这一制度的过程中仍然有很多问题，尤其是在学前教育专业课程中，因此应该根据 1+X 课证岗能融合的意义，再分析当前高校学前教育专业课程教学的问题，对学前教育专业课程体系优化策略进行分析，这样不仅能够提高学生教学的综合能力，同时也能让学生掌握更多职业技能，对学生职业发展有着重要的意义。

（一）1+X 课证岗能融合对学前教育专业课程教学的意义

1+X 课证岗能融合是促进学生在完成学业之前，获取多项职业技能等级证书，然后再加上毕业后的学历证书，让学生获得多项证书并且让学生能够进行相应岗位培训的一种教育制度。随着新文科教育理念的不断发展，在学前教育专业课程改革过程中，应该合理利

用信息技术对专业理论与师德教育进行相应的教育，这不仅需要学生掌握扎实的基础知识，同时也需要学生专业技能较强，并能够取得国家的认可，进而实现学生综合能力与专业素养的良好培养，为国家培养更多优秀人才。1+X课证岗能融合不仅符合市场需求，同时也能够提高学生就业竞争力。在满足人才市场需求方面，通过1+X课证岗能融合运用到学前教育专业课程教学中，让学生在毕业后能够获得多项职业技能，进而在进入幼儿园后能够让幼儿园减少培训时间，同时也能更快地适应工作岗位，进而为幼儿教育提高效率与质量，因此完全符合幼儿园对人才的期许。在就业竞争力方面，随着我国经济发展，当前教育市场趋于饱和，因此为学生就业造成一定的压力，所以学校通过1+X课证岗能融合制度的落实，能够让学生掌握更多技能，进而让学生具备强大的人才就业竞争力，为学生提供更多的就业机会。

（二）学前教育专业课程在1+X课证岗能融合下存在的问题

在新文科背景下，学前教育专业课程教学也进行了全面的改革，但在1+X课证岗能融合制度下，学前教育专业课程体系仍然存在很多问题。

首先，虽然当前1+X课证岗能融合制度在很多高校都取得了良好的成绩，但在学前教育专业课程教学中仍然没有受到足够的重视，没有将1+X课证岗能融合与学前教育专业课程结合，使专业学生仍然不具备就业竞争力，学校虽然重视了专业知识和专业技能的教育，但仍然没有对学生进行相关职业技能的等级考试，进而让1+X课证岗能融合制度发挥不出相应的作用。

其次，教师受传统教学理念的影响，依旧注重课本知识的教学，而没有将学前教育专业课程教学与幼儿园需求的专业知识进行融合，使学生学习的专业知识与幼儿园需求不符，进而降低了学生在幼儿园中的竞争力，严重影响了学生今后的发展。

最后，教师对1+X课证岗能融合制度并不了解，因此无法根据制度有效地改善学前教育专业课程教学方法，同时教师专业素养不足，使学生不能完全理解教师教学内容，进而影响了学生教育专业素养的提升，使学前教育专业课程教学的质量大打折扣。

（三）新文科背景下1+X课证岗能融合实施的有效策略

在新文科背景下1+X课证岗能融合的实施，应该从学前教育专业课程体系优化入手，不仅需要教师提高自身的专业素养，同时也要深入落实1+X课证岗能融合制度，也要将学前教育专业课程与幼儿园进行对接，进而有效地提高学前教育专业课程教学的效率与质量，有效培养学生学前教育专业素养，为学生今后的发展奠定基础。

第一，加强1+X课证岗能融合制度的落实，推动学前教育专业课程教学的质量。在学前教育专业课程体系构建过程中，教师应该深入理解1+X课证岗能融合制度要点，然后结合其重要性，将1+X课证岗能融合制度与学前教育专业课程、幼儿园实践教学进行融合，进而让教师将学前教育专业课程教学与幼儿教师资格证考试进行连接。同时也要不断对学生进行鼓励，使学生拥有足够的信心进行相应的考核与学习，使学生能够在学校期间完成教师资格证考试，为学生提高未来就业的竞争力。因此教师在学前教育专业课程教学中应该适当应用评价语，不仅要鼓励学生提高学生自信心，也要利用信息技术整理教师资格证考试相关内容与模式，对学前教育专业课程教学进行改善，通过考点教学的方式，让学生加深印象，进而不断提高英语课程教学的质量。

第二，加强学前教育专业课程与幼儿园的对接，提高学生实践能力。在学前教育专业课程教学中，教师也要联合幼儿园对学生进行实践教学，有效地完成学前教育专业与幼儿园的对接，进而让学生能够学习一些更专业的知识，并能够保证学前教育专业课程教学的与时俱进，让学生学习的专业知识完全符合幼儿教育的需求。同时教师也应该利用信息技术收集更多与教学内容相关的学前教育实例素材，让学生能够掌握更多的专业知识，提高学生学前教育专业知识学习的质量，丰富学生对专业技能的认知，进而让学前教育专业课程教学更加符合1+X课证岗能融合制度，进而让高校学前教育专业课程教学与幼儿教师工作、幼儿园实习进行有效的衔接，使高校学生专业素质显著提升。

第三，利用信息技术对1+X课证岗能融合制度进行渗透。在新文科背景下，高校实行1+X课证岗能融合，需要教师利用信息技术对学前教育专业课程进行良好的整理，并根据教师资格证考试内容对课程进行分类，同时也要利用信息技术收集有关专业理论与师德教育的相关素材，使学生能够提高职业道德与专业素养。同时教师也可以利用信息技术收集一些关于职业技能的视频、图片、音频等素材，让学生能够掌握更多专业技能，更好地运用到幼儿教学当中，使幼儿教育得到相应的发展。最后教师也要通过收集一些幼儿园教育的真实事件和资料，对学生进行幼儿园实践教学，让学生在岗位工作中更好地发挥自己的作用。

综上所述，在新文科背景下1+X课证岗能融合对高校学前教育专业课程体系构建，不仅需要教师转变教学的观念，同时教师也要不断提高自身专业素养，进而使教师能够不断地创新教学方法，为学生打造良好的教学环境，也让高校学前教育专业课程教学的效率与质量得到提升。作者通过对新文科背景下1+X课证岗能融合的策略进行分析，通过对学前教育专业课程教学的优化，意旨为促进高校学前教育专业课程教学的发展提供参考，也为学生今后发展提供帮助。

第二节 现代职业教育产教融合的育人模式

《教育部关于全面提升职业教育教学质量的若干意见》中明确指出：为了深化人才培养模式，要促成工学结合格局，按照社会发展特点与需求，职业院校要做好产教融合工作，形成企业和学校浑然一体的办学机制。产教融合对培养高素质、技能型人才而言，有着重要的意义，可以让职业教育成为企业发展的推动力，促进企业技术进步和产业升级。所以深化产教融合是职业教育的重要发展方向，学校方面要基于企业用人需求，培养适合企业岗位的配套型人才，企业在此期间也要帮助学校去创新人才培养模式，如此一来，便可达到学校和企业互利共赢的发展目标。

所谓产教融合，指的就是学校和企业由于各自发展需求，从实际角度出发而建立的一种亲密合作关系，因此产教融合会对企业发展、学校发展起到推动作用，学校和企业之间通过互帮互助，实现共同进步。在产教融合的整个过程中，企业和学校均是主体，二者利益共同点越多，那么就更加容易实现深度融合，进而达到双方和谐发展的目标。产教融合是现代职业学校打造的一种新型育人模式，彰显出了现代化教育理念与思维。

20世纪90年代中期，官、产、学三螺旋理论诞生，指的便是政府和企业以及学校，三者基于市场需求去进行合作，全力为社会创造价值，并且政府和企业以及学校均为主体。产教融合模式中涉及的主体分别是学校、企业、社会、政府，这些主体在运行期间均发挥着各自的优势和价值，并且每个机构也可在其他机构的运作中发挥作用，在一系列主体共同作用下，便会形成一个创新性十足的教育共同体，一同为社会培养尖端人才。

产教融合人才培养模式，主要是将产业和教学工作相互融合，二者相互促进、相互影响，在结合的前提下去加强职校学生的生产实践能力，使其创造力和创新力得以迸发出来。产教融合人才培养模式是借鉴西方国家优秀的教育经验，并和国内教育事业实情相结合而提出的方针，这期间借鉴了"从做中学"和"双元制"教育模式。美国哲学家杜威认为：学习要从真实情景体验中而来，学校本身必须是一种社会生活，学生既要进行校内学习，还要进行校外学习。此类教育思想归属于实用主义教育思想范畴内，杜威将这种思想应用到教育教学工作当中去，充分体现了实践教学的重要性，学生唯有将校内所学理论和校外实践相互结合起来，才能真正达到学以致用的目标。

产教融合人才培养模式理论也是基于"双元制"教育理论而形成的，德国"双元制"教育模式，为德国经济发展做出了巨大贡献。产业和职业教育相互融合后，按照职业院校教学现状，企业和学校联合起来一同制定育人目标，一同实现对学生的理论教育和实践教育。产教融合教学期间，学生在校内可以增强理论知识储备、学习相关技能，而企业则成为学生验证理论的实践基地，学生可将学习实践一半放在学校、一半放在企业，由此便可有效提升他们的综合实践水平。在"双元制"教学体系下，学生可以掌握数十项实用型技能，通过考核的人可以在毕业后直接到企业就职。

基于杜威"从做中学"和德国"双元制"理论开创的产教融合育人机制，国内职业院校的教育教学质量得以提升。

一、职业教育产教融合育人模式存在的问题

国内职业院校产教融合育人模式，推动学校和企业共同发展，并且也促进了社会经济进步，但在具体实践过程中仍旧存在着一些不足，如部分职业院校高度重视学科建设，"重学科、轻教育"的现象屡见不鲜，学历证书和职业资格证书出现"两张皮"的情况，理论和实践的融合度不深，并且师资队伍中缺乏高技能、高层次的教师，课程设置上也存在不科学之处。

（一）产教融合改革的政策规定不足

国家方面出台了很多和职业院校教育改革有关的政策规定，但其中一些政策规定并不能对促进职业院校产教融合发展起到作用，以至于企业参与职业院校产教融合战略的热情不高。尤其是很多政策均是在多年以前出台的，随着社会进步，这些规定难以适应现如今职业院校的教育改革需求，针对性不足。需要注意的是，《职业教育法》和《国务院关于大力发展职业教育的规定》等文件中尽管明确了企业需要为职业院校学生和教师提供实践经费，但却没有给企业提供其他有利政策，如此便会削弱企业参与产教融合的积极性。因为企业的发展目标就是最大限度提升经济效益，若产教融合不能为其增产、增收，那么企业自然就不愿意进行职业人才培育。

（二）人才培养配套职业队伍建设不强

现在的基本情况是，一部分职业院校中，师资队伍整体水平不高，缺乏高技能、高水平的优秀教师，如此一来就会对职业院校教学质量和科研进展造成影响，学校自然也就不能培养出高素质、高能力的尖端人才，并且企业此时就不能有效处理一线技工人才缺乏的问题。长期以来，职业院校很多是"重理论、轻实践"，未能和企业保持长期友好的合作关系，同时学校自身也存在着一些问题，譬如教育基础不强、师资力量薄弱、教育经费投

入少等，此类问题的存在均会限制产教融合模式的建设与发展。另外，职业院校难以做到理论教学和实践教学并驾齐驱，也不能向企业派驻技术指导教师。现在一些职业院校中，其师资队伍能力难以满足教育改革需求，如果师资质量上不去的话，那么就难以实现产教有机融合。

（三）课程体系有待完善

现在，国内一些职业院校中，其课程体系仍有待完善，缺少创新创业能力培训课程，这就代表着职业院校没能对学生创业创新能力的培养加以重视，绝大多数情况下都是将创业创新能力培养课程体现在职业生涯规划课程以及就业指导课程中去，并且很多课程内容讲述的都是信息发布和应聘技巧，教学内容的针对性不强，难以在职业院校整体教学体系中发挥巨大作用，甚至一些学校根本就没有开设创业创新课程，偶尔会开展几次创业活动去代替。通过数次调查和分析可看出，全国只有部分职业院校开设了创业创新理论课程，如此一来，学生便不能掌握专业化的创业创新理论知识，更不能推动产教融合模式的发展，所以这种背景下所培养出来的人才，其质量便难以得到有力保证。

因此，尽管很多职业院校都在走产教融合发展之路，都在努力向这个方向去迈进，但却忽略了自身所存在的一系列问题，并且同时也缺乏一定的保障和支持。若想更好更优地促进产教深度融合，推动学校和企业共同发展，学校就一定要立足于实际情况，打造出满足学校未来发展需求的产教融合育人机制，如此才能充分发挥出学校和企业的各自作用，促进学生全面发展。

（四）融合程度有待加强

产教融合要求企业和学校要完成专业共建、实验室共建、课程共建、教材共建、文化共建、信息共享、师资共享，但现在一些学校和企业在合作中，只局限在一两个层面的合作上，学校一般都注重学生实习，而企业一般都注重生产用工，二者科研合作效果不佳，正因为未能实现深层次融合，所以就不能建立良好的生产性实训基地供学生实操演练。还有就是产教融合过程中，无论是人才培育还是技术创新，抑或是产品研发，这些环节都需要大量的资金保障，由于很多企业只在乎经济效益，所以不愿意将大量资金投入在产教融合实践中，进而就会导致产教融合育人效果差，不能促进社会、企业、学校、学生的有效发展。

二、职业教育产教融合育人模式的提升策略

（一）健全职业教育法律法规

政府方面要对职业教育法律法规进行建立健全，如此才能进一步提升政府在职业教育中的参与深度和广度。具体而言要做到以下方面：

第一，完善法律依据。各地政府需要从实际角度出发，对和产教融合有关的法律结构体系予以及时完善，之后在此基础上明确税企合作的税收优惠政策和学生实习期间的安全规定以及实习过程中薪资报酬等，如此才能进一步明确学校和企业的各自责任、义务，并更好地指导双方合作。

第二，地方政府积极参与。若想实现产教深度融合，单纯依靠企业和学校的力量是不够的，其间还需要得到政府的支持，政府部门要协调好企业和学校之间的关系，让双方融洽合作，针对产教融合去颁布明确的税收优惠政策。旨在提升产教融合质量和效率，推动职业院校创新改革，各级政府务必要最大限度发挥自身作用，积极参与产教融合建设，为各方创造有利条件。

（二）加强职业院校专业建设

职业院校要安排学生到企业中去进行实践，如此一来，学校方可掌握企业的用人需求，进而去实施针对性的教育、教学，培养出满足时代发展需求的人才。其间，要通过建立科学有效的运行机制去促进校企合作。

第一，成立专业委员会组织。学校和企业要进行通力合作，一同建立专业委员会，其间要做好一系列的调研工作，然后由委员会对调研结果开展讨论，再就是要定期组织合作会议，对双方深化合作的内容进行深入研讨。

第二，深化校企合作。学校要安排学生到企实习，此时学生就会在岗位工作中将所学理论知识和实践相结合，不断提升自身的实践能力，这样便可推动学校和企业的共同发展。

第三，学校要成为企业的科研中心，要为企业职员提供良好的培训场地，并且学生入企实习后，企业的人力成本可得以降低。双方要对合作过程中出现的问题进行讨论，一同制定产教融合的有效发展策略。

（三）进行课程体系构建

学校和企业合作的过程中，要一同进行职业院校课程体系构建，其间要侧重于培养学

生们的岗位能力和创新能力,要突出课程的科学化、合理化,如此便可全面提升学生们的综合素养与能力。企业方面要按照学生实际情况,针对性地为学生安排工作岗位和工作任务,通过工作去巩固学生以往所学知识,不断提升他们的能力与素养,进而去实现课程构建的主要目标。

(四) 突出产教融合特点

旨在进一步满足社会用人需求,达到职业院校的人才培养目标,学校务必要基于原有知识体系去开展项目化教学工作,如此才能深度突出产教融合特点,有效维持教育秩序。

第一,学校要将企业的实际项目引入到教学过程中去,通过实施案例教学法和项目驱动教学法等,秉承以生为本的原则,教师在旁做好引导,如此便可有效提升学生发现问题、分析问题、处理问题的能力。

第二,产教融合过程中,学校一定要按照本校各专业发展情况,和地方产业之间进行紧密联系,在此基础上将教学内容设计成具体技能训练项目。

第三,学校和企业要加强合作,一同进行课程设置,并要开发出教学所需的教材。

第四,企业要委派骨干人员到校担任兼职教师,负责为学生答疑解惑。

(五) 完善课程教学评价

在产教融合模式中,学校和企业均是其中的主体,在对学生进行考核时,其间一定要做好学校和企业的双重评价,这样的评价才真实有效。一定要根据教学内容对学生进行针对性的考核,譬如在对学生理论知识掌握程度进行考核时,可使用在线题库考试系统对学生进行考核,而在专业重点课程评价时,要求需贯穿于学生学习的全过程,此时要应用多元化的评价手段去操作。唯有如此方可让学生学习到更多的知识、收获更多的技能。

(六) 发挥学校组织机构价值

职业院校在建设和发展中,也在与外界环境之间不停地进行物质、能源、人才的交换。职业院校在和社会的各种交换中,产教融合得以发展,学校内部组织结构因此也会得到及时有效的调整,这样一来便可培养出社会所需的新型人才。有效发挥出职业院校自组织机制的价值,务必要做到以下方面:

第一,按照社会发展需求、市场用人需求,对职业院校专业设置进行及时有效的调整,这样才能让学校所培养出来的人才满足市场用人需求。

第二,按照职业标准、职业要求创设出多元化、合理化、常态化的课程体系,将教学内容和企业用人岗位标准紧密结合,培养出企业所需的应用型人才。

第三,学校要对教学方法进行不断的创新,有效使用目的教学法、任务驱动教学法等手段去有效强化最终教学成效。

(七)缓解人才供求机制

职业院校走产教融合发展之路,终极目标便是培养出适合企业用人所需的应用型人才、创新型人才,如此才能缓解人才供需不足的问题。具体而言要做到如下两点:

第一,要有效协调社会发展对用人需求和职业院校改革发展之间的关系,要在政府宏观调控的帮助下、市场微观调控的作用下,培养出符合社会经济发展需求的人才,进而推动职业院校的可持续发展。

第二,职业院校所建立的人才培养机制要及时更新,按照社会发展需求和企业发展需求进行育人机制创新。职业院校人才培养规划与目标,均要按照本地情况去确定,因为现在的市场竞争尤为激烈,所以务必要侧重考虑好职校学生未来就业问题,应按照生源市场需求去教书育人,这样才能增加职校学生的就业率。还有就是要实现学校和企业之间的深度合作,并要充分掌握劳动力市场的发展情况,及时改进校企合作细节。

(八)保障产教融合机制

产教融合育人模式的构建不可一蹴而就,它是一个循序渐进的过程,此时便要求职业院校通过建立长效保障去促进产教深度融合。旨在提升职业教育改革成效、推动产教融合事业全面发展,其间一定要对长效保障机制予以完善,维护好各方利益。在学校和企业相互合作的过程中,双方要制定产教融合人才培养机制,并要成立组织管理机构,还要对教师考评体系进行深度优化、对课程教学体系加强建设,双方互换培训教师的资源,这样才能实现学校和企业互利共赢的发展目标。

综上所述,产教融合发展会对高素质技能型人才培育起到至关重要的作用,不仅可以促进职业院校的教育改革,还能够帮助企业完成转型升级,并推动社会经济持续发展。新时期背景下,职业院校要立足于企业发展需求,培养出适合企业岗位用人需求的人才,还要和企业通力协作,一同做好科研开发工作,而企业在享受人力资源的同时,还要为学校的发展献计献策,这样才能让人才培养模式更有利于双方的发展。所以处在产教融合的大背景下,职业院校一定要对人才培养方式、方法进行及时改进,对人才培养的各个环节进行深度优化,如此才能为企业提供更多人才,为社会发展多做贡献。

第三节 学前教育专业对口单招生的培养策略

学前教育本科专业对口单招是高层次的职业教育,是培养应用型人才的方式之一。从学生的现状、自身的发展、专业要求及社会需求等方面因素考虑,学前教育对口单招生开展能力本位教育教学可采取以下策略:依托学院特色、创新人才培养、完善培养计划、开设预科学习、优化课程设置、重视实践教学、创新考核评价、评价方式多元化、完善师资体系、建设"双师型"师资。

一、学前教育专业对口单招生的培养目标

学前教育本科专业对口单招是高层次的职业教育,可以从三个方面考虑人才培养目标的设定:第一,从学生自身来看,首先需要具备一个学生最基本的素养;其次是自身的专业素养和专业能力,还有就是面向市场上的竞争能力。第二,从学前教育的发展来看,首先是学前教育的专业性,具备说、写、弹、唱、画的一般教育技能,富有爱心以及具备善于观察分析儿童、组织指导活动和游戏的综合教育能力;其次是学前教育的发展性与专业性。第三,从市场方面来看,人才培养不是象牙塔里的想象,关起门来办学,还是需要关注社会现实对幼儿园教师的多元化需求。

另外,各幼儿园等学前教育机构渴求"有幼儿实践教导能力、学历较高、有教学科研才干、幼儿教导理念先进、讲授基本功扎实、技巧周全、心态好"的学前教育专业化人才、实用型幼儿教师。因此,应把学前教育本科专业对口单招生人才的培养定位为能力本位的教育,即具备问题解决能力、教育实践能力和综合学科知识的运用能力。这要求学生不仅要掌握宽厚而扎实的学前教育专业理论基础以及丰富的通识性知识,还要能把理论知识系统地、综合地、有效地运用于其教学实践中。通过教育教学,学生要达到以下目标:

（一）认知方面的培养

《幼儿园教师专业标准（试行）》对学前教育的教师应该具备的专业知识做出了明确的要求,通过四年的教育教学,力求实现以下目标:

第一,掌握宽厚扎实的专业知识。掌握宽厚扎实的专业知识,一方面是学前教育发展的知识,要了解学前教育发展的前沿与热点问题,了解学前教育的政策、法规;要掌握幼儿全面发展的理论;另一方面是幼儿保育与教育知识,要熟悉幼儿园教育的主要目标、任

务和原则，了解幼儿园环境创设、一日活动、游戏活动、教育活动的内容，掌握保教工作管理的基本方法。

第二，具有广博的通识性知识。广博的通识性知识，主要包括自然科学知识、人文科学知识、艺术欣赏与表现知识及现代教育技术知识。学生要具有深厚的自然科学知识和人文社会科学知识，理解人文社会科学与自然科学的区别与联系，并且能够文科理科相互渗透，开展综合性教育的理性认识与实践。同时，学生还应具备较高的综合艺术修养、文化修养和思想修养，能够分析和欣赏艺术作品的审美价值和教育价值。此外，他们还应具备计算机和网络相关的信息技术知识。

（二）教育教学能力的培养

《幼儿园教育指导纲要（试行）》的贯彻和执行，对学前教育的教师提出了更高层次的要求。教师除了具备基本的专业技能外，还要具备综合的教育能力。

第一，基本的专业技能。具备一名幼儿教师所需要的基本的专业技能，包括两方面的内容：其一是基本教育能力，如能够创设与利用幼儿园环境，能够组织与保育幼儿一日生活，能够组织与实施游戏和教育活动等；其二是指艺术技能，弹、唱、画、讲故事等能力。

第二，综合的教育能力。综合的教育能力是成为一名合格的幼儿教师的关键。包括能够发现或者创造对幼儿有意义的学习经历的活动，能够关注到幼儿个体差异去计划、组织和分析教育活动，能够使用各种指导性策略促进幼儿积极主动地学习，能够使用各种正式或非正式的评价方式去评价幼儿的行为，能够注重培养家庭对幼儿学习和生活上支持，能够通过互联网和计算机处理信息、制作教学 PPT。

第三，情感态度价值观。情感态度价值观对学生思想起导向作用，帮助他们树立科学正确的价值观、儿童观、教育观。首先，热爱学前教育事业，遵纪守法，树立较高的职业理想和敬业精神，提高个人修养与行为，乐于奉献；其次，关心、尊重儿童，维护儿童的地位与权利，在组织教学活动的过程中，尊重幼儿身心发展规律；最后，坚持保育与教育相结合的教育观，对幼儿实施体智德美诸方面发展的教育，为人师表，以身作则，为幼儿提供榜样力量并且悉心教导。

二、学前教育专业对口单招生的培养对策与建议

（一）依据学院特色，创新人才培养

为实现能力为本的学前教育本科专业单招生的培养，应创新人才培养模式，改变以往

知识本位、技能本位的人才培养模式，开展能力本位的"全实践"人才培养模式，依托高校附属的基础教育设施或者建立教育实习实践基地，可以把单招生的培养放进幼儿园当中，进行学校教育和实践教育基地共同培养。在学前教育单招生的培养模式上，还可以借鉴临床医学类人才培养模式，学校和幼儿园共同培养，或者在学生毕业上岗之前进行为期半年的培养，等等。

（二）完善培养计划，创设预科学习

完善现有人才培养计划，制订专门针对单招生的学前教育本科专业学生的培养计划。针对单招生的学业背景，在制订培养计划时，学校可以考虑开设为期一年的预科教育。

所谓"预科教育"是为准备进入高一层次学习但尚不完全符合标准的学生进行补习的教学形式。对单招生进行预科教育的内容以通识性知识为主，辅之专业知识。我国《幼儿园教师专业标准（试行）》，对教师所要拥有的通识性知识提出了明确要求。单招生自身的特点导致该生群体通识性知识欠缺，在预科教育阶段，可选择英语、语文、数学等基础课，自然科学知识、人文社会科学知识等公共课，艺术欣赏与表现知识等专业课，弥补该生群在基础教育阶段的知识不足，并且预习本科教育的知识能提高该生群的学业基础，培养本科自主学习能力。

（三）优化课程设置，注重实践教学

学生培养的质量以及毕业以后的竞争力都取决于现阶段的培养方案和课程设置。传统的教师教育课程的最大问题在于教育理论与教育实践的脱节，课程开设重理论轻实践，更多侧重学生理论教学能力和科学研究能力。实践能力不是与生俱来的，其获得必须经过一个现实化的历史生成过程，而教育促进这个过程的发展。优化课程设置，重视实践教学，可以从以下两方面着手：

第一，建设学前教育专业实验实训教学中心，例如手工制作实训室、多媒体应用实训室、教学技能实训室、幼儿园模拟教室等。实施模拟幼儿园工作、环境的实践教学，这是实现能力本位人才培养目标的关键。实践有助于学习者知识的内化和重构，是培养能力的前提、中介和目的。在课程设置方面突出实践教学力度，把理论课、专业技能课都结合实践教学展开，把实践理念在课程中全息渗透，提高学生的动手能力，同时让学生在提升教育技能的过程中内化理论知识，养成研究、创新的专业态度，综合提升专业能力。

第二，开展"全实践"实验，将学前教育专业发展过程中的所有实践环节作为一个整体来系统安排，即在时间上全程贯通、在内容上全面整合、在理论上全面渗透。简单而言，就是延长实习时间，扩大实习力度，扩展实践方式。例如，从新生入校后的始业教育开始就让学生接触幼儿园实际。还可进行每学期1~2周教育实习或者学生必须每个暑假进行2~3周的相关领域的自主实习实践、安排顶岗实习等。学生在幼儿园的直接实践可以取得很多课堂学习难以取得的效果，能提高实践能力、问题解决能力，并且有助于促进学生树立科学的教学观、儿童观和教师职业观。

（四）创新考核评价，评价方式多元化

考核评价是检验学生学习成果，对人才培养是否达标的考查和评估。只有建立科学客观的考核制度和多元化评价方式，才能科学衡量人才培养的质量。第一，建立以实践应用能力为主的多元考核评价制度，可以从大三开始对学生进行综合能力考核，开展学前教师七项基本技能考核，开展学生教学技能大赛，等等。这不仅有助于学生的查漏补缺，更有助于学生毕业后的职业适应。第二，多种考核评价方式相结合，成绩考查、试卷评价制度不能科学地了解学生是否具有实践能力。例如，学前儿童活动设计课可以改变以往单纯的理论考试，结合模拟实践教学，学生不仅要会写活动方案，还要能将活动方案付诸实践。又如，学前教育技能课钢琴伴奏，在大一、大二开设了两学年的钢琴课程，可以在大三进行一次钢琴综合能力考核，考核不合格者需重修钢琴课程。这样不仅有效促进了学生专业技能的提升，还有助于学校品牌的树立。以能力为本位的人才培养目标，不光要在教学过程中体现出实践教学，更要在考核评价中体现出实践性。

（五）完善师资体系，构建"双师型"师资

高素质的师资是高校专业发展的支撑，是促进专业建设和专业发展的关键力量。目前部分高校在学前教育专业师资建设方面存在较大问题，一方面缘于学前教育学科发展较为缓慢，博士研究生人数较少，高层次人才总体缺乏，缺少学科发展带头人；另一方面缘于部分高校只顾自身效益，不断扩大招生，忽视自身师资队伍建设，师生比例严重失调。培养合格的学前教育应用型人才，除了要有完善的教育体系、优化的课程设置以及多元化的考核评价之外，还需要一支业务能力强、结构合理、相对稳定的师资队伍支撑。学校可以结合本院学前教育专业发展，提前规划师资队伍建设，采用引进高层次人才、定向培养等方式完善师资体系。

进一步构建"双师型"师资队伍，即具有学术水平和实践水平的教师。一方面，可让现任专业教师到幼儿园实践，熟练掌握幼儿园各项工作的技能，提高教学效果和实践能力；另一方面，现阶段幼儿园中不乏有一些高学历高素质人才，他们往往具有较强的幼儿园实践教学能力。从幼儿园中聘请具有较高理论水平和实践水平的教师参与师资队伍建设，有助于学前教育专业应用型人才的培养。

第四节　教师资格证考试背景下的学前教育学课证融合

一、教师资格证考试背景下的课证改革

（一）教师资格证考试下课证改革的重要性

幼儿教师的职业准入制度能够有效提高幼儿园教育的专业化。在教师资格证考试在全国统考的内容与方式明确下，各个学校也要对学前教育专业课程进行相应的教学改革，这样既能保证学生通识性的知识能够得到系统性地教学，也能让专业课程进行良好的课证融合改革，有效提高学前教育专业课程的效率与质量。在新的教师资格证考试制度下，部分高校免试的资格被取消，这让师范类专业的招生更加被动。在学前教育专业上，学生也迎来了新一轮的挑战与机遇，因此高校更应该注重人才培养的方式，从而提高学生的就业率。"在教师资格证考试下，学前教育专业应该不断创新教育新生，严格遵照《专业标准》的要求，针对学生实际学习情况科学、合理制订学前教育专业课程教学计划，有效提高专业课程教育的质量"[①]。

（二）学前教育专业课程教学存在的问题

教师资格证考试一般分为笔试与面试两个部分，其中笔试部分既有"保教知识与能力"也有"综合素质"的考核。面试部分则主要针对学生的心理素质、教学设计、职业技能等方面进行考核。在教师资格证考试背景下，依旧有部分学校存在一定的问题。首先，部分学校以前的学生不需要进行教师资格证考试，因此学前教育专业课程比较松散，而突然需要进行考试了，其课程针对性却显得小了很多，学生们在学习过程中接触大量知识，但真正考试能够用到的知识却只有少部分，这样很难让学生能够顺利通过考试；其次，部分高校对学生师德教育与专业技能教育不够重视，导致学生在幼儿园教师的职业道

[①]张瑞．欲使银河落九天——论教师资格证国考背景下中职学前教育专业如何实施《声乐》课程改革［J］．北方音乐，2019，39（10）：114—116．

德与素养不能符合幼儿园教师的要求，也对学生从事相关工作造成一定的影响，同时高校为了给学生一定选择权，进行专业技能教学中，学生更多根据自己的喜好进行选择专业特长，有的学生会选择古典音乐而在幼儿教学中却连儿歌都不会演唱，这严重与幼儿需求不符；最后，部分高校对学生的实习教育不足，高校与幼儿园合作下，学生在实习过程中由于学生太多，不能做到有效的指导，更多的是让学生观察幼儿园教育的环境，不能发挥实习的真正意义。

（三）教师资格证考试背景下课证改革的策略

在教师资格证考试下进行课证融合改革，不仅需要高校针对通识性知识进行强化教育，同时也需要加强实践课程与完善评价体系，从而达到课证融合的效果，促进高校学前教育专业课程教育的发展。同时教师也要进行不断学习，提高自身专业素养，从而更好地设计学前教育专业课程教学的策略。

1. 加强学生基本素养教育

教师资格证考试主要对学生进行教师综合素养的考核，因此在学前教育专业课程教学中，教师应该根据职业教育的需求设置相应课程。在传统教学中无论是教师还是学生都对师德教育不够关注，认为师德教育与教师资格证考试关系不大，但从其笔试科目不难发现，教师不仅要重视幼儿教师职业素养的培养，同时也要加强文化素养的教育，因此在课证融合制度下，教师应该强化学生信息处理能力，保证学生通识课程中文化素养的教育。在学前教育专业课程中通常只有公共教育、专业教育、实践课程三个教育模块，而这三个模块对学生的师德教育显得薄弱，因此教师应该增加素质模块教育，强化学生的师德教育，保障学生通识性知识的了解，从而提高学生的综合素养，也让学生具备幼儿园教师的基本素质，从而更加符合幼儿教师职业素养的需求。

2. 强化教育实践课程

高校学前教育专业课程教育中，对实践课程的教育多数决定于教师的实际经验，因此教师水平不同实践课程教学的效果也有很大差距。在高校实践课程改革方面，教师也要加强学生实践能力的培养，从教学方式方面可以通过课堂授课、案例分析和实践操作方面进行改革，加强集体讨论，解决学习过程中存在的问题。例如在学前教育专业课程改革方面，教师可以采用"2.5+0.5"的人才培养模式，结合教师资格证考试模式，让学生在学校学习两年半，然后顶岗实习半年，这样能够很大程度地增加学生实践课程的时间与质量，让课证有效融合。教师也可以在学校教学过程中，开展一些示范幼儿园基地，让学生在幼儿园实习基地进行相应的实习作业，设计课程，演示学前教育课程的教学等，这样既能让学生符合教师专业成长规律，也能使学生在教师资格证考试过程中发挥更好的水平，为学生入职打下坚实基础。

3. 构建多元化测评方式

学前教育专业课程评价对学生课程实践有着重要的意义，因此教师在进行课程评价过程中，也要充分尊重教师资格证考试的要求，有效调整评价方式，构建多元化评价机制。教师可以通过终结性考核与动态性评价模式对学生进行全面统一的评价。例如，教师可以通过"抓阄"的形式对学生进行考核，在评价过程中更多考查学生的理论知识与实践能力，让学生能够具有更强的幼儿教师职业道德与专业性实践能力，从而让学生能够高效利用学前教育专业理论知识。通过"抓阄"形式对学生进行考核，其具有一定的随机性，可有效锻炼学生的心理素质，也能考查学生的应变能力，让学生语言表达、反应能力等方面都能得到良好的提升，也能构建一个良好的教育氛围，使课证融合教学的效果得到提升。

二、教师资格证考试背景下的课证融合改革

在国家全面推行教师资格证考试的背景下，从事教育工作都需要进行教师资格证考试，这让非师范学校与师范学校毕业的学生都进行相应的竞争，从而使得社会对教师的要求也逐渐提高，这虽然能够提高教师队伍的素质，但是面对大量考生，也让教师资格证考试更加严格，考试通过的难度更大，这既是学前教育教师的机遇也是一次挑战。因此在学前教育专业课程教学中，高校学生也将面临专业能力与就业选择的双向考核，这也是教育人才审核的标准，学生更应该重视学前教育专业课程的学习，从而有效提高学生专业水平，从容通过教师资格证考试。因此高校也应该注重课证融合改革，让学生能够更加注重专业知识与教师资格证的高度融合，有效提高办学水平，也能让教师更加符合国家的相关需求，为祖国教育事业作出更大的贡献。

（一）学前教育专业课程的现状分析

在教师资格证考试背景下，课证融合也进行了相应的改革，但依然存在一定的问题，严重影响了学前教育专业课程学习以及应用的效率与质量，也让建设高素质学前教师队伍产生一定的困难。

第一，课程内容与教师资格证考试内容存在出入。在学前教育专业课程教学中依旧采用传音筒的教学内容和方法，并且学生对教师资格证考试内容并不了解，从而导致专业课程与考试内容出现偏差，使学生参加考试更加没有目标，也让考试更加缺乏针对性，严重影响了高校学生的专业能力，也使得考试通过率受到影响。

第二，师德教育与专业理念被忽略。师德教育与专业理念被很多高校所忽略，学校更加注重专业知识与专业技能的教学，而往往认为师德教育在教师资格证考试中没有太大作用，因此将其并入到其他课程中，这就让学生学前教育专业理念培养与师德教育建设的效率和质量受到严重影响，导致高校培养出的教师的综合素质下降，不能有效为教育事业输送更优秀的人才。

第三，专业理论课程设置存在问题。在学前教育专业课程中，专业理论课程相对薄弱，而学校更注重培养学生专业技能以及专业知识，而专业理论课程占比较小。同时在专业技能教学过程中，学生选择学习的特长却不利于对幼儿的教学。

第四，学生实践过于表面。在高校进行教师职业实践过程中，由于学生太多，会导致幼儿园实习活动更加表面化，也没有对学生进行监督与指导，这对课证融合造成一定的不便，严重影响了学生对专业知识的训练，也让教师资格考试出现不确定性，从而影响学生就职。

（二）教师资格证考试下课程融合改革的对策

在教师资格证考试背景下对高校进行课程融合改革，不仅需要针对教师资格证考试的模式和学前教育专业课程进行改善，同时也要加强专业理念与师德教育，并优化专业理论课程，从而有效完善课证融合体系，使学生得到有效发展。

1. 以教师资格证考试为中心对课程进行改善

在高校对学生进行学前教育专业课程教学中，首先要对教师资格证考试内容与模式进行充分分析与了解。幼儿教师资格证考试分为笔试和面试两个部分，教师应该对笔试部分的"保教知识与能力"和"综合素质"这两个内容进行相应的教育，提高学生教育理念与职业道德、法律法规等素养，充分利用所学知识解决教学过程中出现的问题。同时教师也要注重面试环节的教育，让学生心理素质、仪容仪表等方面得到良好的培养，使学生能够更容易通过教师资格证考试。教师也要针对教师资格证考试的内容，对学前教育专业课程进行改革，使学生能够顺利通过考试，在笔试过程中，一方面题型为选择题，这些都有一定的标准答案，教师应该对学生教导其答题技巧，并让学生将知识点内容掌握清楚；另一方面是联系实际的论述题，教师应该将课程中与教师资格证考试相关的考点知识进行整理，通过真实案例或者信息技术收集素材，让学生观看资料来了解幼儿园实际工作，并引导学生对幼儿园工作进行评价与分析，让学生能够充分掌握教师资格证考试内容，也能提高学生对知识的巩固，有效提高学生考试的效率与信心。

2. 强化师德教育培养学生的优良品质

从事学前教育工作，教师应该注重自己的师德，也就是自己的职业道德以及思想品质，这也是教师职业标准考核的重要内容，在教师资格证考试中也要对学生师德相关的内容进行考核。因此在课证融合改革中，高校应该对学生师德教育和专业理论教学进行有效的加强，从而让学生对幼儿园教育工作产生一定的兴趣，也要培养学生学前教育工作相关的专业能力，让学生更加适合幼儿教育工作，有效提高学生思想道德。这样能够有效避免学生通过教师资格证考试，却对教育工作并不适合，这样会对学生造成时间精力上的浪费。同时良好的师德也能通过学生行为习惯、言谈举止等影响幼儿，为幼儿健康成长奠定坚实基础。因此加强学生师德教育和专业理论教育，对课证融合发展有着一定的意义。

3. 优化专业理论课程教学促进课证融合发展

在幼儿教师资格证考试内容中，学前教育专业理论课程有着很高的占比，因此教师应该加强专业理论课程教学，不断扩大课程范围，提高学生专业能力，让课证能够高效融合。为了保证学前教育课证融合，学校应该根据教师资格证考试内容对专业理论知识的占比进行良好的调整，增加更多的幼儿园班级管理、幼儿教育法规等内容，并将课证融合理念融入到教学当中，使学生能够高效运用理论知识，也能培养学生幼儿教育的专业素养，更好地服务于幼儿，促进幼儿健康成长，也能让学生将专业理论知识合理运用到实践过程中。

综上所述，在教师资格证考试背景下，课证融合的改革需要教师不断深入理解教师资格证考试内容与模式，从而更好地对课程进行相应改革，同时教师也要注重师德教育与专业理论教育，使学生幼儿教育的综合素质得到提升，促进课证融合的发展。作者通过对教师资格证考试背景下的课证融合改革探究，意旨为课证融合的发展提供参考，为学生更好从事学前教育工作提供帮助。

三、教师资格证考试背景下学前教育学的课证融合实践

在幼儿园教育中，为了有效保证教师的素质与专业能力，国家推行教师资格证考试制度，同时逐渐将该项考试制度纳入国家统考中，因此所有学生必须得到教师资格证才能从事教育工作，这有效保证了幼儿园教师团队的专业性，也为幼儿提供了良好的教育资源。与此同时，高校的学生也要对教师资格证考试制度进行充分的了解，学校应该结合教师资格证考试内容对学生进行相应的教学，使教育内容与考试内容进行充分融合，提高学生教师专业素养，保证学生能够有效通过教师资格证考试，提高学生的竞争力。高校针对学前教育课程进行改革时，应该与教师资格证考试进行融合，促进课证融合的发展，以保证学

生学前教育专业课程学习的效率。

（一）学前教育课证融合的意义与重要性

在教师资格证考试背景下，进行学前教育课证融合不仅对学生掌握专业知识与专业能力有着重要的意义，同时对学生就业也同样有着一定的价值。在我国幼儿教育不断发展下，幼儿教育也受到社会普遍关注，人们对教师要求更加严格，同时在教师资格证考试普及下，竞争教师职业的学生越来越多，这对学生就业造成一定的影响。在专业知识与能力培养方面，通过课证融合能够让学生对学前教育专业知识更加全面地学习，并掌握更多专业技能，从而达到国家对幼儿教师的要求，保证幼儿教师团队的质量，为幼儿构建良好的教育环境。在学生就业方面，通过课证融合也能让学生实际应用所掌握的专业知识，提高学生职业道德与职业规范，使学生就业竞争力得到显著提升，让学生能够更加适应教师岗位，符合幼儿对教师的需求，从而让学生更容易找到自己满意的工作。

当前教师资格证考试内容包括笔试与面试两个环节，其中笔试环节又分为"保教知识与能力"和"综合素质"，在"保教知识与能力"中主要对学生专业理论知识与幼儿生活指导、幼儿园环境创建、游戏指导等进行相应的考核。而"综合素养"则包括对学生的职业道德、教育理念、法律法规等方面进行测评。其次在面试环节，主要考查学生的心理素质、语言表达、教学设计等。而高校学习科目众多，既有公共基础、思想政治与道德修养、学前教育专业课程、专业理论知识、专业艺术技能等课程，也有一些实践课程。其中很多课程在教学过程中脱离了教师资格证考试内容，让学生不能良好地进行针对性学习，使学生学到的一些技能无法应用到幼儿教育当中，还有部分学校忽略了学前教育专业理论教育与师德的教育，这都对学生从事教师职业造成一定的阻碍。因此高校有必要对学前教育专业课程进行整改，采用课证融合的方式，让学生能够接受到良好教育的同时，也能使学生有效结合教师资格证考试内容与模式进行相应学习，提高学生就业率，让学生不断发展与进步。

（二）教师资格证考试下学前教育课证融合的实践优化

在教师资格证考试背景下进行学前教育课证融合改革，不仅需要学校对相关课程进行良好的改善，也需要教师不断提高自身专业素养，优化教学方式，让学前教育专业课程与教师资格考试进行良好的融合。

1. 教师资格证考试与学前教育专业课程的对接

在学校制定学前教育专业课程时应该与教师资格证考试内容进行对比，并整理分类，将与考试内容息息相关的专业课程划分出来，并让教师针对这些内容进行深入讲解或分析，使学生能够熟练掌握专业知识与专业能力，保证学生能够在专业资格证考试中取得优异成绩。教师也要对与考试内容不相关的专业课程内容进行简要讲述，让学生做到了解即可，这样能够减少学生学习压力，也能丰富学生专业知识。教师在教学过程中也要对教师资格证考试内容进行深入分析，归纳考点内容，将考点知识与学前教育专业课程进行对接，保证教学内容符合考试内容，增加教师资格证考试通过率。最后学校也要组建良好的教师团队，对教师资格证考试内容进行深入研究，并不断进行培训使教师能够精准地将考试要求落实到日常教学当中，提高学生综合能力。

2. 加强学前教育专业理论与实践的融合

在课证融合改革下，学校也要加强学前教育专业理论教学与实践教学的融合，通过理论知识的教学让学生能够在教师资格证考试中找到选择题的精准答案，并通过模拟考试的形式让学生掌握考试形式与答题技巧，并通过真题不断对学生进行相应的训练。而对于议论式题型，教师应该通过一些真实幼儿园教育案例进行分析与解读，让学生将幼儿教育的各项活动与理论知识进行结合，提高学生实践能力。学校也要注重校内外实践的结合，通过学校内部的实践让学生利用学前教育理论知识和专业技能，设计教学方案，进行相应的游戏指导实习，然后再通过学校与幼儿园合作的方式，让学生在幼儿园对幼儿进行教育实践，使学生能够不断完善自己的教育方法创设，同时也能让学生学会如何与幼儿进行良好的沟通，使学生更加适应幼儿教育这项工作。

3. 制定良好课证融合的评价体系

高校针对学生进行学前教育专业课程考核时，要参考教师资格证考试相关要求，学校考核内容应该与考试内容相符，这样才能最大程度地做到课证融合，从而让学校要求更加符合国家要求，提高学生参加教师资格证考试的成绩。学校也要对学生学前教育专业技能与艺术技能制定良好的评价体系，让学生具有一定的职业素养，仪容仪表，从而有效通过教师资格证考试的面试，教师也要根据教师资格证考试要求，对学生唱歌、跳舞、演奏、美术、书法、讲故事、创新设计等技能制定考核的标准，让学生能够通过考核的检测与监督，让学生更加积极地学习学前教育专业技能课程，也让学生更加多才多艺，并能够顺利通过教师资格证考试，使学生专业课程与专业技能同样优秀，从而在未来工作中能够发挥出更大的作用，有效提高学生就业竞争力，让学生不断发展与强大。

综上所述，在教师资格证考试背景下实行学前教育专业课程课证融合改革，需要高校对教师资格证考试的内容与模式进行系统深入的研究，同时教师也要不断进行学习，提高自身专业素养，为学生构建更优异的学习环境。教师也要通过制定课证融合评价体系、加强专业课程实践、强化教师资格证考试与学前教育专业理论课程对接等方式，让课证实现真正的融合，有效提高学前教育专业课程教学的效率与质量，也能提高学生综合能力与就业竞争力，让高校学生在幼儿园工作中能够拥有更好的发展，也能为国家培养更多的教育型人才。

第六章 学前教育专业职业能力培养的实践研究

第一节 学前教育专业学生手工应用能力的培养实践

手工制作课是学前教育专业一门重要的教学实践课程，主要课程任务是让学生学会徒手或借助工具，运用切折、拼贴、组合等加工手段使物质材料发生变化，制作集玩、学、教、启、用为一体的作品。手工制作在幼儿园教育工作中的应用率很高，主要体现在环境创设和教玩具的制作上。学前教育专业学生作为未来的幼儿教师，除了应具备基本的操作能力，还应具备在幼儿园环境中对各种材料加以利用的能力，尤其是要具有为幼儿提供合适的教玩具的能力与探索材料的能力。目前，在教学过程中，部分学生没有深刻认识到手工制作课程与未来工作之间的重要联系，其手工作品缺乏创新性、实用性。他们在制作中一味追求外观精致，没有站在幼儿教师的角度思考制作手工作品的意义。

一、学前教育专业手工应用能力培养的重要性

学前教育专业手工应用能力是指能够指导幼儿进行手工操作，能对幼儿园的环境进行手工布置，在节日活动中能进行手工装饰，在社会、科学、语言、健康、艺术五大领域教育活动和游戏活动中能很好地运用手工技能。学前教育专业学生要想胜任未来的幼儿园教育工作，就必须学会把掌握的手工知识与技能应用到幼儿园教育工作中，实现其手工价值。

（一）营造舒适的学习环境

幼儿园的环境创设可分为两大部分：一部分是幼儿园的整体环境创设；另一部分是班级的主题环境创设。一般而言，幼儿园的整体环境与其教育理念和特色有关，大的环境布

置不需要经常更换，但班级的环境创设会随着教学主题、节日、幼儿的年龄特点与知识经验等的变化进行更换，基本上一个月要换两三次。班级主题环境的创设不是随便做些好看的装饰品这么简单，教室是幼儿在幼儿园学习、生活时接触最多的地方，教室的环境对幼儿认知能力的发展具有重要作用。幼儿对于环境的变化常常会表现出热切的关注，环境的改变是幼儿日常交流内容的一部分。如果主题环境是围绕生成课程的来源或认识节日等活动进行创设的，那么幼儿就可以在该环境中潜移默化地学到很多知识，并且这种学习是主动的、轻松的、愉快的，符合幼儿教育理念。

此外，主题环境还可以根据幼儿的兴趣或能力的发展而被创设成动态环境，使幼儿对环境长期保持新鲜感，积极地与环境互动，从而让幼儿在对环境的探索中获得新经验、新知识、新发展。幼儿园环境创设对幼儿的发展较为重要，而幼儿教师手工应用能力的强弱又决定着环境创设的优劣，由此可见，培养学前教育专业学生的手工应用能力十分重要，学生只有不断提高自身的手工应用能力，才能适应将来的幼儿园工作需要，营造出幼儿喜欢的、有助于幼儿成长的舒适环境。

（二）提供多样化的教具

手工制作对幼儿园五大领域教育教学活动的开展有着重要作用。幼儿的注意力集中时间较短，逻辑思维与理解能力还未发展完全，这时教具就显得尤为重要：一方面，教具可以吸引幼儿的注意；另一方面，教具可以帮助幼儿更好地理解幼儿教师所教授的内容。如在科学活动"秤"中，幼儿教师必须借助教具"秤"帮助幼儿理解轻与重；在绘本故事阅读中，幼儿教师可以根据绘本内容缝制手偶玩具，在讲故事时出示手偶玩具既能吸引幼儿注意，激发幼儿好奇心，又能加深幼儿对故事主要人物与情节的印象；在音乐活动中，幼儿教师可以借助图谱让幼儿识记节拍与歌词内容，还可以制作"乐器"，在幼儿熟悉歌曲后，边唱边用"乐器"打出节奏，让幼儿在轻松欢快的氛围中边玩边学；在社会活动"红绿灯"中，幼儿教师可以在教室设置十字路口和红绿灯的情境，让幼儿在幼儿教师模拟的情境中亲身体验并且学到知识。教室区角材料的投放同样离不开教师的巧手。如"烧烤摊"上的"热狗""韭菜""辣椒""蘑菇""五花肉"等都是幼儿教师用不织布、海绵纸、超轻黏土制作的；科学探索区角里的传声筒、秤等也是幼儿教师利用废旧材料制作的。除了教学活动中的教具、教室区角的玩具，还有户外游戏的玩具，如沙包、用旧奶粉罐做的小滚轮、用纸箱做的小火车等，也出自幼儿教师之手。心灵手巧的幼儿教师总能根据幼儿的需求，把身边简单、常见的物品制作成幼儿喜爱的教玩具，让幼儿在愉快玩耍的同时领悟到变废为宝的价值与意义。因此，学前教育专业学生应该提高手工技能，将其应用到幼儿园教育工作中。

(三) 创造全面成长的条件

《幼儿园教育指导纲要（试行）》指出，幼儿教师要"指导幼儿利用身边的物品或废旧材料制作玩具、手工艺品等来美化自己的生活或开展其他活动"。手工制作能提高幼儿的动手能力与学习兴趣，爱动是幼儿的天性，幼儿教师应在尊重幼儿天性的前提下为幼儿创造学习的条件。幼儿动手的过程是主动学习的过程，在这个过程中，幼儿的思维、创造力、专注力、手眼协调能力以及耐心与自信心等都会得到充分的发展，而这一切的前提是幼儿教师具备良好的手工应用能力，为幼儿选择适合他们年龄特点与身心发展规律的材料。如，在一般人看来，一根麻绳只是用来捆绑东西的工具，但是幼儿教师可以将其制作成好看的装饰物用于户外游戏活动，或当作科学探索的工具，等等。手工在幼儿园教育工作中的地位是无可替代的，从环境创设到教玩具制作，无一不是为了幼儿的发展，因此，学前教育专业学生必须提高自身的手工应用能力。

二、学前教育专业学生手工应用能力培养的问题

学前教育专业的部分学生缺乏扎实的美术基础。在专业教学中，部分学生的手工制作存在以下方面的问题：

(一) 作品缺乏创新性

手工是一种艺术，手工作品的风格受创作者对材料理解与运用的影响较大。教师应教授基础的制作技巧，鼓励学生用发散思维进行创作。手工的创新形式有很多，对于同一种材料，稍稍改变制作的方式就可以创作出不一样的作品。但部分学前教育专业学生缺乏美术基础知识的支撑，创作思维容易受课本范例的影响。此外，还有一个重要原因，即部分学生的学习态度不够端正，过于依赖网络资源，在做手工作品前没有认真思考作品的形式，而是照搬网上的作品。这些原因导致了他们的作品缺乏创新性。

(二) 作品缺乏实用性

手工制作在幼儿园教育工作中的实用性较强，但是部分学生没有认识到手工制作课程的意义，在教学中只是单纯地完成教师布置的手工作业，这就与学前教育专业开设手工制作课程的初衷相背离。在学前教育专业学生群体中，女学生比较多，她们往往喜欢学习手工，在制作手工时较为用心，作品也制作得很好看。但部分学生作品往往精致有余而实用

性不足，多是观赏性作品。其实，学生在手工制作课堂上做的很多作品都能为生活增添色彩，如自制的钥匙扣装饰物、笔筒、笔袋、各种材料的花等，但手工材料种类繁多，部分学生不愿在选择材料方面花费太多精力，在制作时通常会选用一些代替材料，导致作品质量不高，难以真正被运用到实际生活中。

（三）作品脱离实际性

在幼儿园中，幼儿教师经常要进行环境创设和制作教玩具。学前教育专业的学生作为未来的幼儿教师，应该在学校打好基础，为更好地适应幼儿园工作环境做准备。但有些学生的作品风格更偏向于成人喜欢的风格，如用色单一且较有意境，这类作品往往缺乏童趣，难以吸引幼儿的注意，幼儿欣赏起来也较为困难。在利用材料自由进行手工制作的作业中，不论是单一材料的运用还是综合材料的运用，学生的部分手工作品并不契合幼儿园教玩具的制作要求，脱离了幼儿园实际，这对学前教育专业学生将来的幼儿园实习是不利的。

三、学前教育学生手工应用能力培养的建议

手工制作是幼儿教师的一项基本功，在教学活动设计、园舍环境布置、玩具制作等环节都具有重要的作用。手工制作课在学前教育专业的课程设置中属于专业课，学生具备良好的手工应用能力，不仅能增强自身的竞争力，而且能使自己更好地适应未来的幼儿园教育工作。因此，对学前教育专业学生手工应用能力的培养提出以下建议：

（一）创新教学方式，培养学生创新能力

教师应该转变以往的传统教学模式，改变一步步示范、手把手教的教学方法，打破学生的固有思维，让学生在对材料的探索中充分发挥主观能动性，增强学生的创新意识，提高学生的创新能力，进而使学生的手工应用能力得到提高。

相对于让学生进行接受学习而言，让学生进行发现学习更适合手工制作课堂教学。发现学习是一种创新性学习，学习内容是在教师和学生讨论问题的过程中间接呈现出来的，学生是知识的探索者与发现者。如在"布艺基础"的教学中，学生首先学习布艺的基本缝制方法，然后小组分工合作学习；教师与学生可围绕"利用不织布可以进行怎样的制作""采用何种不织布制作可以满足幼儿的学习与发展需求"等问题展开讨论，并得出结论——利用不织布可以制作早教书、布贴画、手偶玩具、收纳袋、装饰品等；进而探讨与研究如何制作、如何呈现作品的问题；在最后的手工作品展示中，学生也可以根据作品进

行故事创编和讲述。在这一系列过程中，学生主动探索问题，积极参与制作，其想象力、动手能力与创新能力都得到了充分的发展。这种教学方式打破了以往的教学模式，真正把课堂还给了学生，教师不再手把手教授手工制作，而是在教授基本制作技巧后，引出相关问题，让学生发散思维。在主动发现、探索、研究、制作的过程中，学生的创新能力与手工应用能力都得到了提高。

（二）搭建展示平台，提高学生实践操作能力

搭建展示平台是提高学生实践操作能力的重要途径。在这个平台中，学生可以应用课堂所学的知识、经验和技能，将其转化成自己的能力。学前教育专业手工制作课程涵盖的内容较多，学生仅用课堂时间难以熟练掌握手工技能与对各种材料的运用技巧，因此，学校和教师应该积极为学生搭建各种展示平台，以提高学生的实践操作能力。

手工课是一门实践课，学生要学以致用，才能熟练掌握各项手工制作技能。教师应搭建展示平台，为学生提供"用"的机会。展示平台可大可小，小到课堂，大到社会。

（1）课堂展示。在课程结束后，教师可以组织学生展示课程学习作品。在这个平台中，学生可以感受不同作品的风格，并清楚地看到自己与他人的差距，互相观摩与学习。

（2）手工制作作品展。在期末时，教师可以举办一场手工制作作品展，激发学生的创作热情，让学生运用本学期所学的知识，综合各种材料创作出属于自己的作品。此举可促进学生手工应用能力的发展。

（3）与幼儿园实践基地合作。幼儿园中有很多可以让学生发挥的地方，主要是幼儿园的环境创设与教室区角教玩具的制作。在幼儿园环境中，学生可以真正把在校所学运用到实践中，巩固专业技能，积累实践经验，为就业奠定坚实的基础。

（4）校内外联合举办就业推荐会。在这个平台中，学生需要展示幼师的五项技能，其手工应用能力是否扎实可一目了然。这样，学生不仅可以对自我各方面能力有更加清晰的认识，而且可以培养自身的专业认同感和自豪感。

（三）教学内容设置，要贴近生活实际

手工应用能力应该在多应用的过程中被学生熟练掌握并转变成自身的能力。要想多应用，仅靠每星期一个半小时的课堂学习是远远不够的，学生应真正把手工技能应用到实际生活中，让手工的应用看得见、摸得着。这就要求手工制作教学内容的设置贴近生活实际。教学内容与学生的生活息息相关，不仅可以激发学生对手工的兴趣，而且可以增强学生动手制作的欲望，进而提高学生的手工应用能力。

例如,《淮南子·氾论训》:"器械者,因时变而制宜适也。"对学前教育专业学生手工应用能力的培养也要讲究因时制宜。中国传统节日众多,每个节日都有独特的习俗,手工制作教学可以结合这些节日,这样既贴近生活,又可以为学生以后的幼儿园环境创设工作奠定基础。手工制作教学内容与传统节日结合案例如下:春节是我国最盛大的节日,每家每户都会贴对联、贴"福"字、挂灯笼、包饺子、派红包等。又如,在"春节"一课中,学生可以创作"春"字、"福"字或是本年生肖等与春节相关的刻字和剪纸作品;可以用超轻黏土制作饺子等春节美食,或做成一桌"年夜饭";可以利用不同的材料制作各式各样的灯笼;可以制作立体手工纸烟花爆竹;可以制作红包;可以制作以"过年"为主题的"娃娃家"教玩具等。元宵节又称"灯节",制作花灯、猜灯谜是其特有的民俗活动。在"元宵节"一课中,教师可以让学生在掌握传统花灯制作工艺的基础上创新制作花灯,为学生举办一场花灯展。教师根据节日设置教学内容,鼓励学生因时制宜、因地制宜地制作手工,把手工应用融入日常生活,能够促进学生手工应用能力的发展。

(四) 利用手工材料,拓宽学生知识面

手工应用的"应用"指利用各种材料进行制作。材料是开展手工活动必不可少的元素,所谓"巧妇难为无米之炊",要想提高学前教育专业学生的手工应用能力,必须以丰富的材料作为物质基础。教师利用丰富的手工材料进行教学,不仅能够拓宽学生的知识面,而且能激发学生的创作欲望,更重要的是,可以让学生在实际操作中掌握各种材料的制作技能,不断积累实际经验,并总结出哪些材料适合用于幼儿园教学的哪个方面,哪些材料既安全又能满足幼儿的探索欲望,等等,为以后的幼儿园工作做准备。

学前手工材料主要有三类:一是常规手工材料,如彩纸、皱纹纸、海绵纸、卡纸、超轻黏土、不织布、网纱、麻绳等;二是废旧材料,如废纸箱、饮料瓶、瓶盖、一次性筷子、纸杯、泡沫塑料、废弃的衣服及布料等;三是自然材料,如树枝、叶子、稻草、竹子、石头、花瓣等。教师可利用这三类手工材料分阶段开展教学。

常规手工材料的运用主要是让学生认识幼儿园常用的手工材料,熟悉这些材料的造型规律以及掌握这些材料的制作技法,这是手工制作的基础,也是学前教育专业的学生必须掌握的技能。废旧材料的运用是让学生将手工制作延伸到生活中,主动观察生活中有哪些可利用的废旧物品,并利用收集的废旧材料进行创作。在这个"变废为宝"的过程中,学生的创新思维会得到充分发展,而且利用废旧材料的制作活动在幼儿园教学中开展得较多,学前教育专业的学生必须拥有善于发现的眼睛和擅长制作的巧手。自然材料的运用则是让学生投身自然,尽情发挥想象力,把自然的产物带进课堂并通过制作变成需要的东西。通过学习自然材料的运用,学生的观察能力、创新能力、动手能力会得到进一步的提高。

另外,可以运用综合材料进行制作。在学习了多种材料的运用后,学生可以发散思维,根据自己的兴趣爱好制作出集多种材料于一体的作品。通过综合材料的运用,教师可以看出学生一学期以来对各种材料的掌握与运用,也可以看出学生的手工应用能力是否有所提高。

(五)结合地方传统手工艺,创新教学

我国历史悠久,民族众多,每个地域、民族都有独特的传统手工艺,而且许多民间艺术被列为非物质文化遗产。当前,我国越来越重视对中华民族优秀传统文化的传承与弘扬,教师在手工制作教学中有效利用地方资源,将手工教学与传统民间艺术有机结合,不仅能够传承和弘扬中华民族优秀传统文化,而且能让学生了解并学习地方传统手工艺,开阔学生的视野,加快手工制作教学成果的转化。

例如,广西拥有丰富的民族手工艺资源,如壮锦、绣球、坭兴陶、竹藤工艺品、扎染与刺绣工艺品等,这些手工艺品既美观实用又独具民族特色。在"绣球"一课中,首先,教师让学生了解绣球的起源与发展,绣球是广西壮族人的定情物与吉祥物,后来经过发展便有了抛绣球等民俗活动;其次,教师与学生讨论可以利用哪些材料制作绣球,得出结论:可以用纸制作纸绣球,也可以用布缝制绣球;最后,学生动手制作,教师进行指导与帮助。剪纸在我国丰富多彩的民间文化中占有重要地位,在"剪纸"一课中,教师可以先举一些例子,让学生感受到剪纸在生活中的应用,如,幼儿园常见的小红花、窗花、婚嫁或传统节日中使用"喜""福"等剪纸;在了解剪纸的应用后,教师要教学生基本的剪纸技能;之后,教师要让学生发挥想象力,动手创作剪纸作品。根据地方传统手工艺培养学生的手工应用能力,还可以延伸到其他的地方特色,如各民族特有的服装、头饰,可以作为立体手工的教学内容;各地独特的美食可以作为泥塑制作的教学内容……将传统文化融入手工制作课程,不仅能让学生了解并学习我国博大精深的传统文化,而且能提高他们的手工应用能力。

(六)运用校内活动,巩固手工应用能力

学以致用是掌握知识与技能最有效的方法。学校会经常举办各种各样的活动,如果学生能够将所学的手工知识、技能广泛应用与迁移到这些活动中,那么活动会因手工应用而变得更加丰富多彩,同时学生的手工应用能力也会得到一定程度的巩固与提高。

校内活动可以在以下方面与手工应用结合。第一，开学迎新生。在开学迎新生时，学前教育专业的学生可以制作手工作品以装饰环境，还可以设置创意坊，在其中做一些小手工作品送给新生，这样既能展现学前教育专业的特色，又能提高学生的手工应用能力，还能使新生产生对专业的认同感。第二，学校举办的各类文艺晚会。学前教育专业的学生可以戴着自制的头饰、穿着自制的服装表演；如果是系里举办的晚会，学生还可以发挥专业特长，利用手工制作布置晚会的舞台和环境。第三，专业技能比赛，其中，手工技能大赛深受学生喜爱。学生可以根据自己感兴趣的主题进行创作，如变废为宝、科技小制作、综合材料制作、泥塑、纸工、布艺、教玩具制作等。以赛促学能更有效地提高学生的手工应用能力。除了这些活动，学校还会开展许多活动。只要是能用上手工制作的地方，学生都可以踊跃尝试，在实际操练中提高手工应用能力。

综上所述，手工应用能力的提高对学前教育专业学生而言意义重大。但是学生的手工应用能力不是朝夕就能提高的，为了增强学生的社会竞争力，使学生更好地适应未来的幼儿园教育工作，学前教育专业手工制作课程教师应该根据学生的实际情况，有针对性地选择教学方式，并通过各种途径持之以恒地培养学生。教师在手工制作教学中，不能只重视教授学生手工知识与技能，更重要的是发挥学生的主观能动性，培养学生的创作能力，让学生学会举一反三，最终能够做到将手工制作与幼儿园环境创设、教室区角教玩具的投放以及各个领域的教学活动相结合，最大限度地发挥手工制作在幼儿园教育工作中的作用。教师要想方设法将手工应用渗透学生的学习与生活，提高学前教育专业学生的手工应用能力，培养出能够熟练将手工运用于幼儿园各方面、促进幼儿身心健康且全面发展的高素质应用型人才，为幼教事业的发展作出贡献。

第二节 幼儿园教师"校园"双主体培养的实践探索

下面以 A 职业技术学院学前教育专业为例，对幼儿园教师"校园"双主体培养的实践进行探索。A 职业技术学院学前教育专业着眼于师德高尚、热爱儿童、业务精良的幼儿园教师培养，并不断完善幼儿园教师培养模式。

一、幼儿园教师"校园"双主体培养的起源

第一，基于职业教育校企合作理念。中华人民共和国国务院《关于大力发展职业教育的决定》中指出："职业教育要改革以学校和课堂为中心的传统人才培养模式，大力推行

工学结合、校企合作的培养模式。"校企合作的基础就是寻求合作的共赢点,除政策支持外,幼教企业参与校企合作可以获得专业指导、技术服务、资源平台支持、行业发展信息动态、人才储备等方面的赢利,高校参与校企合作可以获得专业建设、师资队伍建设、教师企业实践、学生企业实习等方面的赢利。"校园"双主体人才培养模式研究基于校企合作"共建共赢"①的理念引领。

第二,基于培养符合国家教师标准的幼儿园教师。《幼儿园教师专业标准(试行)》中明确指出:"开展幼儿园教师教育的院校要将《专业标准》作为幼儿园教师培养培训的主要依据。"《专业标准》中包含的专业理念与师德、专业知识和专业能力3个维度,14个领域,每个维度、领域都应是专业理论教学与实践教学的有机结合,校园共同发挥主体作用的结果。扎实的专业理论基础知识教学让学生"明理",真实的幼儿园实践教学让学生"践理"。"校园"双主体人才培养模式研究基于培养符合《专业标准》要求的幼儿园教师。

第三,基于"校、园"双方实际需要。高校在开展专业建设、课程建设、专业师资队伍建设、外聘师资队伍建设、校外实训基地建设、技术服务开发、学生实习等教学工作时,针对幼教园所的特点,发挥不同幼教园所的特色,形成良好校企合作格局。与区域内龙头幼教机构签订订单班,与区域内五星级幼儿园开展专业建设、互聘师资、安排顶岗实习等合作项目。幼教园所结合自身园所规模、师资状况、办园特色、发展需求有计划地与高校进行探索性的校企合作。如提出订单培养计划,由校企共同研发制定订单教学内容;提出师资培训需求,由校企共同研发园本培训项目;提出其他技术支持需求,由校企共同研发给予技术支持等。"校园"双主体人才培养模式基于"校、园"双方实际内在需求。

二、幼儿园教师"校园"双主体培养的价值

幼儿园教师"校园"双主体培养,是指在幼儿园教师职前培养过程中,作为供给方的院校与作为需求方的幼儿园都成为幼儿园教师培养的主体,共同发挥主体作用。

搭建校企合作平台,以《专业标准》为依据,探索"校园"双主体幼儿教师培养模式改革,实现校企协同育人。依据企业(幼教园所)办园性质、园所规模、师资情况、园所特色建立疏密有别的校企合作关系,与区域内龙头幼教机构密切绑定关系,与区域内五星级幼儿园建立紧密合作关系,与区域内园所办园特色鲜明的幼儿园建立相关领域合作关

---

①冯国利,周东恩. 幼儿园教师"校园"双主体培养的实践探索——以大连职业技术学院学前教育专业为例[J]. 中国职业技术教育,2016(20):38—41.

系，与园所规模小、园所特色不突出的幼儿园建立专业引领关系。

（一）共育爱岗敬业、师德高尚的幼儿园教师

如何开展切实有效的教育活动树立学生崇高的幼教职业信念、热爱幼教事业、尊重幼儿、关爱幼儿、以幼儿为主体开展教育教学活动，是每位学前教育工作者的培养目标和责任。

以校企文化融合为理念，开展的符合学前教育专业特色的系列教育活动，是学校教育专业人才师德教育的有益探索。企业文化进校园，整个教育过程中贯穿职业教育、师德教育。在校内通过专业导入与国防教育、思想道德修养、思想政治理论、心理健康教育、职业生涯设计等公共基础课程引领学生养成高尚的道德情操与价值观；通过新生入校第一节职业认知、幼教名家讲坛、企业文化宣讲、职业发展与就业指导等系列讲座开阔学生视野，树立学生热爱幼教职业，形成良好的师德规范；通过传统文化经典诵读、读书季活动、社会实践活动等系列学生活动，提升学生人文素养。在幼儿园教育见习、实习、顶岗，通过见、实习日志；见、实习心得体会；见、实习心得交流等系列活动，培养学生尊重职业、明理感恩、热爱岗位、热爱幼儿，提升学生职业忠诚度。

（二）共育实践能力强、保教能力突出的幼儿园教师

《专业标准》基本理念中明确指出："把学前教育理论与保教实践相结合，突出保教实践能力。"关于教师"专业能力"维度中包括环境创设与利用、一日生活组织与保育、支持与引导游戏活动、计划与实施教育活动、激励与评价、沟通与合作、反思与发展7个领域，这7个领域能力紧紧地围绕幼儿园保教工作突出强调保教实践能力。

"校园"双主体人才培养模式有益于培养学生的保教实践能力。从第二学期到毕业通过保育实习、教育见习、教育实习、顶岗实习在幼儿园真实工作情境中逐步提升学生保教实践动手能力。第二学期安排保育实习（60学时），第三学期安排教育见习（60学时），第四、五学期安排教育实习（60学时），第六学期安排顶岗实习（480学时）。保育实习、教育见习、教育实习、顶岗实习4个实践教学内容完全对应《专业标准》中专业能力维度的7个领域能力，缩短了学生入职适应期。

完善的实践教学标准，是实践教学实施的有力保障。对于实践教学的教学计划、内容、目标、作业及反思；指导教师在职责、记录、指导细则及考核等给予规范。实践教学环节既检验了《专业标准》专业理念与师德、专业知识两个维度的理念养成与知识掌握情况，又提升了《专业标准》中专业能力维度的保教能力。实践教学是培养符合《专业标

准》和具备实践动手能力幼儿园教师最重要的环节。

(三) 共育专业基础扎实、发展后劲足的幼儿园教师

人才培养方案中既包括婴幼儿保健、学前心理、学前教育等学前教育基础知识，又包括自然科学和人文科学知识、艺术欣赏及表现知识、现代信息技术知识等通识性知识，为学生职业成长、终身学习与持续发展打下厚重基础。

《专业标准》提出的终身学习理念，要求幼儿教师"具有终身学习与持续发展的意识和能力，做终身学习的典范"。"校园"双主体幼儿教师培养模式使学生不自觉中形成反思性学习的习惯，学生反复在学校的课堂学习与幼教园所的实践学习间思考，不断自我建立、推翻、反思，最终形成一个既有理论支持又非常具体真实的概念。这种习惯会在学生职业发展过程中形成良好惯性，促使学生养成自觉性发展、大胆实践、不断创新、积极评价、积极反思、主动学习、终身学习的良性职业发展习惯。

通过校企合作平台、麦可思专业调查机构、毕业生人才培养质量跟踪调查等途径，了解毕业生的职业成长途径与困惑，给予及时帮助和干预，依据行业企业发展趋势和调查结果调整专业人才培养方案。

幼儿教师的成长需要一个长期过程，高校学前教育专业毕业只是起点，高校应夯实学生在校期间专业知识基础，指导学生制订合理的职业发展规划，引导学生养成主动学习、主动反思的良好习惯，解疑学生职后成长过程中的困惑，对毕业生职后发展长期跟踪指导。幼儿园应根据教师具体情况制定幼儿园培训计划、实施园本培训、引导教师主动参加业务培训和自主研修，形成终身学习习惯，逐步提升专业发展水平。

(四) 通过岗位体验、情景教学加强师生职业认知

师资互聘，打造"教师园长化"和"园长教师化"的教师、园长交叉兼职的双师素质与双师结构教学团队。高校选派专业带头人、专业骨干教师，以幼儿园教学园长、教师的身份到幼儿园挂职锻炼，有计划地安排任课教师以幼儿园教师身份到幼儿园顶岗企业实践；幼儿园园长以专业主任身份到高校挂职锻炼，骨干教师以兼职教师身份到高校担任外聘教师，担任实践教学指导工作。

学生角色模糊，形成"在校学生"和"准幼儿园教师"角色反复转换的人才培养过程。从第二学期开始的保育见习到第六学期的顶岗实习全过程校企共育，缩短了学生新入职后职业适应期，快速成长为合格幼儿园教师。

高校教师走下讲台，走进幼儿园工作岗位；高校学生走出教室，进入幼儿园讲台，这

种岗位体验、情景教学引发的思考会深远影响高校的教育教学改革,加快学生职业成长步伐。

高校已经成为我国幼儿教师培养的主阵地,高校必须依据《专业标准》,培养符合国家标准、受幼儿园欢迎的、热爱幼教事业、具有良好的职业道德,掌握系统的专业知识和专业技能,实践能力强,具有终身学习与持续职业发展意识和能力的合格幼儿园教师。

三、幼儿园教师"校园"双主体培养的载体

幼儿园作为幼儿园教师的需求方,通过"订单班"的建立,开始关注学校幼儿园教师的职前培养,并以主人翁姿态参与学校人才培养方案的制订与实施、课程建设与实施等幼儿园教师职前培养全过程,"订单班"成为幼儿园教师"校园"双主体培养的主要载体。

第三节 家园共育促进学前儿童社会性发展的研究

家园共育,既不是传统意义上的"家长工作",也不是一方为主和另一方的"配合",而是两个同样肩负着人生启蒙教育重任的社会组织及其成员之间的携手。具体表现为托幼机构定期或不定期邀请家长来园参观教育活动,如让家长观看活动、游戏、幼儿作品展览等,增进家长对托幼工作的了解;在与同龄儿童的比较中,了解自己孩子的水平,学习幼儿教育的方法。家庭和幼儿园是幼儿生活最密切相关的环境,家庭教育与幼儿园教育是幼儿教育的重要组成部分,实现家庭教育和幼儿园教育的结合与互补,为幼儿的全面教育保驾护航。

一、家园共育促进学前儿童社会性发展的现状与问题

幼儿园与家庭的合作共育是当前世界幼儿教育改革与发展的一大趋势,受到了世界学前教育组织(OMEP)以及各国教育机构的密切关注。家庭教育与幼儿园教育相互依存不可或缺,虽然在教育场所、教育内容、教育途径、教育形式等方面存在较大的差异,但两者的教育目标都为了促进儿童的和谐发展。

(一)家园共育促进学前儿童社会性发展的现状

1. 家长和教师的认识
(1)家长和教师对家园共育的认识。

1）家园共育过程中双方的角色定位。教师和家长是孩子的共同教育者，因为他们与孩子间关系的差异，双方在教育过程中扮演着不同的角色。当教师和家长清晰而准确地认识到各自所扮演的角色时，各自的教育功能会得到很好的发挥。

2）教师及家长对参与家园共育的态度。部分教师对家园共育的态度是欢迎的，甚至是非常迫切的，家长的态度也是非常支持。说明随着这几年来家园共育活动的不断开展，家长对家园共育价值的肯定，认识和水平已经得到了提高，希望与幼儿园积极携手共同促进幼儿的发展。

（2）家长和教师对学前儿童社会性发展的认识。绝大部分教师都能认识到社会性发展对学前儿童的重要性，也能够认识到社会性发展对孩子终身发展的重要性，基本上能做到感性认识和理性认识的结合。特别是《3—6岁儿童发展指南》的颁布，使得社会性在儿童发展中的作用凸显，在幼儿园的日常活动设计中所占比例也得到提升。而家长在这方面的认识比较欠缺，把社会性发展简单地等同于孩子的社会交往，也有家长认为孩子的社会性发展就是使孩子懂得哪些是正确的，是被社会所提倡和鼓励的，哪些是错误的，是被社会禁止和反对的。

（3）家长和教师对家园共育促进学前儿童社会性发展的评价。近年随着幼儿园各式各样家园共育活动的开展，家长的主体意识逐渐增强，在与幼儿园共同配合的育儿之路上互相切磋、互相鼓励，形成了一支好学而团结的家长团队；同时也促进了教师的专业发展。

1）开展家园共育对家长及教师的影响。教师与家长是幼儿教育不同主体之间的合作关系，这种关系状态对幼儿教育产生的意义在于，双方不仅发现对方，而且也发现了自己，家园共育的结果，使孩子成为最大的受益者，他们将获得使他们成长和发展终身受益的东西。

2）家长和幼儿教师对双方共育关系的满意程度。良好的师家关系，是幼儿园和家庭协调一致对幼儿进行教育的基础与保障。另外，对家园共育持肯定态度的家长和教师还是占绝大多数的，可以推断出家园共育活动已取得一定成绩和有用坚实的群众基础了。

3）家长和教师对家园共育与学前儿童社会性发展结合性评价。家长在参与家园共育活动及日常积累过程中，对学前儿童社会性发展的了解也逐渐加深，了解到亲密的亲子关系、师幼关系和同伴交往有助于孩子社会性的正常发展，也在教师的指导下学会如何在日常生活中有效地帮助孩子发展其社会性，如利用走亲戚、到朋友家做客或有客人来访的机会，鼓励孩子与他人接触和交谈。幼儿园也争取多为幼儿提供自由交往和游戏的机会，鼓励孩子们自主选择、自由结伴地开展活动。总体而言，幼儿园和家庭越来越重视学前儿童的社会性发展，也能注意在家园共育的模式下更行之有效地帮助孩子发展其社会性促进其全面健康地成长。

2. 家园共育促进学前儿童社会性发展的形式与内容

应该采取系统的、多方位的家园共育形式来促进学前儿童社会性发展的有效进行，家园共育的内容也应是全方位的，涉及幼儿全面发展的，特别是幼儿的社会性发展。

（1）通常使用的家园共育形式。家长偏爱使用电话或短信以及在接送时和老师就孩子的情况进行交流，这样可以有针对性地了解自己孩子的情况。教师更倾向于使用家长会、家长园地、网络等形式，说明教师比较乐于运用集体的方式与家长沟通。

教师和家长更倾向于使用的共育形式存在差别，反映了他们在幼儿教育中关注的焦点不同，也与他们各自的身份是一致的。总体而言，家园共育选用的路径，拓宽了家园共育的范围，扩展了家园双方互动的广度；集体路径与个别路径都相辅相成，既有家园双方非面对面的交往，也有家园双方面对面的交往，因此巩固了合作的双边关系，提高了共育的质量，使教师和家长都能成为信息的发送者和接收者。

（2）通常使用的促进学前儿童社会性发展的形式。家庭、幼儿园和社会应共同为幼儿创建温暖、关爱、平等的家庭和集体生活氛围，建立良好的亲子关系、师生关系和同伴关系，让幼儿在积极健康的人际关系中获得安全感和信任感，发展自尊和自信。目前，人们较为重视幼儿的人际交往和社会适应能力，幼儿园和家庭通过组织活动鼓励孩子与人交往、和同伴友好相处，在活动过程中学会关心和尊重他人。大人经常带幼儿参加集体性的活动，在幼儿园组织的活动过程中，打破班级的界限，让幼儿有更多机会参加不同群体的活动。

（3）家长和教师参与家园共育所关注的内容。家园共育的内容主要是围绕孩子的日常生活，涉及的内容较宽泛，家长和教师双方都比较关注幼儿身体健康状况、行为习惯的培养和兴趣爱好方面，但教师更偏重幼儿行为习惯的培养方面，而家长更关注幼儿的学习情况。总体而言，关于学前儿童社会性发展的内容都受到了来自家庭和幼儿园的共同关注。

（二）家园共育促进学前儿童社会性发展的问题

家园共育有利于学前教育质量的提高和儿童的健康成长，从理论上讲，这是路人皆知的道理，采用访谈和观察的方式，深入了解家园共育活动中对学前儿童社会性发展的关注和涉及程度，得出家园共育日渐受重视的结论，但在实践中，家园共育的施行究竟对儿童的发展起着怎样的制约作用以及如何在家园共育的情况下更有针对性地促进学前儿童的社会性发展这一问题没有引起足够的重视。

1. 认识的不足

（1）对学前儿童社会性发展认识不足。社会性发展研究在人类的哲学思考和教育实践中由来已久。儿童的社会化作为心理发展的重要组成部分，很早就受到心理学界的重视。

（2）对家园共育与学前儿童社会性发展的关系认识不深。家园共育的观念已逐渐深入人心，但由于对儿童社会性不够了解，导致不管是在幼儿园的日常活动，还是在孩子的日常生活中，都没有能够有针对性地发展孩子的社会性。对于事实上有助于帮助孩子发展其社会性的活动，也依附于其他的考虑。实际上人际交往和社会适应是幼儿社会学习的重要内容，也是其社会性发展的基本途径。

（3）对家园共育与学前儿童社会性发展的结合缺乏指导。在对幼儿园老师的访谈中了解到，在一些培训中会零散地提及家庭和幼儿园怎样配合进行活动来有针对性地对孩子的社会性发展进行辅助，但不成系统，以零散的状态点缀于其他活动之中。不论是教师还是家长都渴求系统的方法指导，以期在教学过程和日常生活中能有的放矢地促进孩子的成长。有教师直接表示希望园长在邀请专家来园讲座时，能针对如何有效率地培养学前儿童社会性的发展为题开展。

2. 缺乏计划性

（1）家园共育程度处于低层次阶段，双方互动不够。根据杰斯特威克（Gestwick）将家校合作按家长参与程度分为低、中、高三个层次来看，我了解到的家园共育状况处在了解情况、互相沟通等较低的层次上。即家长还主要承担协助者的角色，处于比较被动的地位，如家长只有在得到邀请时才能访问幼儿园、参加家长会等，而很少直接参与幼儿园的决策和管理等工作。制定菜谱这种事也是学校制定好了，家长拥有否决权。由于没有深层次的参与互动，也就不能全面了解幼儿园的教育实质，不了解孩子们的真实情况，导致提不出有实践意义的家园共育意见和建议。而在国外，特别是美、德等国，家长经常参与幼儿园日常事务的运作，如到幼儿园义务工作，协助幼儿园开展活动甚至参与决策等。入园也不需要事先申请。

（2）家园共育缺乏计划性，家长作用尚未充分发挥。家长开放日活动作为最能体现家园共育精髓的活动形式，有利于教师与家长形成良好的关系、有利于教师争取家长的支持与合作、有利于家长更好地了解幼儿园全貌、有助于家长与教师建立亲密的关系。可惜在本次访谈中，它的重要作用没有得到显现。

在家长开放日活动中，家长的到来使班级的成人和幼儿比率得到提高，幼儿可以得到成人更多的关注，能与成人进行更广泛、更深入的交往。教师如能以多种方式引导幼儿认识、体验并理解家长的职业特征和基本的社会行为规范，不仅有助于培养幼儿尊敬各行各业劳动者的思想觉悟，还能提高幼儿尊重他人劳动、遵守社会各种规则的意识，促进孩子的社会性发展。

（三）家园共育与学前儿童社会性发展的影响

学前儿童的社会性发展关系儿童今后一生的全面发展，其重要性不言而喻，健全的人格、符合社会规范的行为习惯以及良好的道德品质，都源于学前儿童的社会性发展。与别的社会环境因素对个体自发零散偶然的影响相比，幼儿园作为专门培养人的教育机构，按照社会的要求有目的、有计划、有组织地培养人，对个体社会化的影响是有意识的、系统的、长期的，同时，由经过专门训练、具有专业教育知识和技能的职业幼儿教师来实施，幼儿教师在学前儿童心目中特有的地位，使得来自幼儿教师的各种引导与影响更容易为幼儿所接受。幼儿园教育当之无愧地在学前儿童社会性发展中发挥着核心、主导作用。幼儿园是个小社会，在这里，开始了儿童有目的、有教育性的社会性发展。对于还不能自觉遵守社会规范的儿童而言，仅有幼儿园的努力是不够的，需要来自与学前儿童互动最多的家庭的配合，幼儿在幼儿园获得的经验需要在家庭生活中得到巩固和发展；同时，幼儿在家庭中获得的生活经验能够在幼儿园学习过程中得到运用、扩展和提升。学前儿童的社会性发展离不开家庭和幼儿园的合作共育；优质的家园共育必然促进学前儿童的社会性发展。

1. 家园共育与学前儿童社会认知的发展

社会认知是指人对社会性客体及其之间关系的认知，以及对这种认知与人的社会行为之间关系的理解和推断。学前儿童社会认知是一个逐步区分认识社会性客体的过程，这个过程具有认知发展的普遍规律但不完全受认知发展的影响，并且社会认知各方面的发展是非同步、非等速的。对学前儿童而言，与他们的社会性发展关系最大的是儿童观点采择能力的发展和儿童对权威的认知。

儿童观点采择能力的发展是儿童社会认知发展的核心体现。通过观点采择，可以预见儿童对友谊、权威、同伴及自我进行推断的概念水平，是把儿童社会发展的各个方面联系起来的一个桥梁。另外，观点采择是区分自己与他人的观点，并进而根据当前或者先前的有关信息对他人的观点作出准确判断的能力。儿童进入幼儿园后，体验到不同于家长的另一个权威——教师的影响。幼儿园教育本身所具有的权威，对儿童适应以后的社会和建立起一定的社会规范有着积极的作用。

2. 家园共育与学前儿童社会情感的发展

社会情感是人的社会性需要是否得到满足而产生的态度体验。在儿童社会情感发展的过程中，儿童的道德情感和自我概念的发展是其中非常重要的两个方面。道德情感是人的道德需要是否得到满足而引起的一种内心体验,在学前期可将安全感、归属感和亲切依恋培养作为教育重点,为今后道德情感发展和道德情感教育目标的提升提供基础。塞弗森认为,自我概念是个体对自己的知觉,指自我系统中的认知方面或者描述性内容,所表达的是人们关于自己身心特点的主观知识,即回答"我是谁"的问题。儿童依恋的发展具有很大的个体差异和文化差异,但发展的模式基本一致。儿童依恋发展的正常与否直接影响日后儿童社会性行为是亲社会行为还是反社会行为。

3. 家园共育与学前儿童社会行为的发展

儿童社会认知与社会情感的发展是儿童社会性行为发展的直接影响因素,而它们最终又要通过社会性行为表现出来。社会性行为分为亲社会行为(人们在社会交往中表现出来的谦让、帮助、合作和共享等有利于他人的社会行为,即包括利他行为和助人行为在内的对社会有积极作用的一切行为)和反社会行为(主要指不符合道德规范及社会准则的行为,如说谎、逃学、偷窃、欺骗、故意捣乱等)。一般认为和睦、融洽的亲子关系会促进儿童亲社会行为的发展。

亲社会行为和攻击行为是相对立的社会行为,两者都是儿童中比较常见的行为,是儿童社会化的重要方面。它们的发展状况既影响着儿童人格和品德的发展,同时也是儿童社会化成败的重要指标。任何一个社会和组织,都大力提倡亲社会行为,控制攻击行为。

二、家园共育促进学前儿童社会性发展的对策

教育儿童是幼儿园和家庭的共同责任,需要教师、家长和全社会的紧密合作,为儿童营造最佳发展环境,为他们的社会性发展创造条件和机会,共同促进儿童健康和谐地发展。

(一) 树立正确的观念,发展幼儿园与家长的关系

家园共育为教师与家长、家长和家长之间提供了一个交流和共享经验的平台:一方面和家庭有关的社会生活活动中的教育资源会被幼儿园教育所采纳;另一方面幼儿园作为具有较丰富和全面的教育资源的特殊机构将有利于帮助单个家庭教育资源匮乏的状况。

1. 树立正确的家园共育观念

意识形态是行动的先驱和向导,家长和教师对家园共育的认识和态度影响着幼儿园家园共育的实施。建立尊重和信任的平等关系,要纠正目前家园共育工作中存在的种种偏差,走出以往幼儿园家长工作的误区,形成正确的教育思路,改变单纯的以幼儿园教育为主的或以家庭教育为主的偏见,树立家园共育的新教育观念。

（1）更新教师观念。观念决定态度，态度决定行为。首先，教师要树立正确的合作观念和意愿，从思想上意识到教师与家长的沟通不只是出于偶然的需要，或当孩子出现问题才联系，而是应该与家长保持经常性的联系。只有这样，双方才能全面、系统、深入地了解幼儿，帮助幼儿健康成长。其次，教师要从单方面地向家长汇报幼儿在园情况转变为积极主动地向家长了解幼儿在家中的表现，了解家庭教育的情况，及时指导家长改善不适宜的教养观念与教养方式，也能及时调整自己的工作，提高家园共育的实效性。再次，教师需要树立服务意识，摆脱过去高高在上、绝对权威的态度，不能以专业教育工作者自居，指令性地要求家长完成幼儿园规定的各项任务，将家长视为配合者而不是合作者，使家长既懂得怎样执行也知道为何要执行。学习从一种服务者的角度考虑家长的需求和希望，为家长提供专业、优质的服务。如：在家长开放日时邀请家长留园共进午餐；在确定家长会日期时要考虑大部分家长是否有时间等。教师要以一种服务者的身份，敏锐地察觉到家长的需求，并给予最大可能的满足。

（2）更新家长观念。作为经过专门训练、具有专业教育知识和技能、以教育年轻一代成为合格社会成员为己任的专业人员幼儿教师，他们根据一定的社会要求，向幼儿传授人类长期积累的知识、经验，培养他们形成正确的价值规范、思想观念以及积极的情感、行为与品格，引导他们朝着社会所期望的方向发展。幼儿教师了解学前教育发展的最新动态，接触最新的科学理念，掌握着正确的儿童观、教育观，以及科学的育儿方法。但是作为与孩子接触最多、最能够全心全意为孩子付出的家长，对孩子的了解和影响非常重要，家长从孩子出生起就担负起照顾孩子生活起居和在日常生活中教育孩子的重任，积累了经验和方法。家庭教育有着幼儿园教育或学校教育无可比拟的优势，因此家长应树立起绝对的自信来配合幼儿园，做好家园共育工作。

（3）教师与家长建立相互尊重和彼此信任的平等关系。教师与家长的沟通与合作是一种特殊的人际交流，孩子的健康成长和完整发展是双方共同关注的要点。教师对孩子的态度是双方良好关系形成的关键要素，只有让家长感受到老师对孩子的关爱，老师才能得到家长的尊重和信任，家长才会乐于与教师进行沟通和合作。幼儿教师需要不断提高自身的职业道德素养，完善自身专业知识结构，使自己成为有爱心、有能力、有责任心和有创造力的人，才能赢得家长的尊重和信任，进而促使家长积极主动地与教师交往与合作。幼儿园教育是教育系统中最需要家长配合的，幼儿园工作烦琐、细致，幼儿园教师每天要事无巨细地照料和教育孩子们，劳动强度大，劳动时间长，安全责任重，即使在下班时间也要忙着制作教具、备课、与孩子家长进行沟通等，家长应该怀着感恩的心真诚感谢老师的辛苦工作，体谅老师工作中偶尔的疏忽，积极主动地提供力所能及的帮助，为了共同的目标，携手前行。

2. 发展幼儿园与家长的伙伴关系

伙伴关系的发展是一个过程，而不是一个单独的事件。要使伙伴关系得到巩固和发展，幼儿园与家庭就必须为了儿童的利益而坚持不懈地施行共育，这可从以下两方面着手：

（1）满足家长的需要。家长都十分关心孩子的学习和发展，并愿意贡献自己的力量帮助作为学习者的儿童，家长不仅要理解和支持儿童的发展，而且还需要理解和支持幼儿园课程的开展。幼儿园要以家园共育为契机，把儿童的学习活动、班级的课程改革活动、年级的教学研究活动作为与家庭开展共育活动的重要内容，以吸引家长的广泛参与，使伙伴关系从普通的公共关系活动转变为独特的教育教学活动。

（2）指导教师的行为。教师和家长之间健康的伙伴关系起始于频繁的双向交往，在教师和家长交往的过程中，可接近的行为、敏感的行为、灵活的行为、依存的行为显得特别重要，因为它们能有效地增强伙伴关系。所以要鼓励教师经常与家长交往，并为教师创造实践这些行为的机会，使伙伴关系从幼稚、不完善走向成熟、理想化。

（二）完善相关政策，实现幼儿园向家庭开放

幼儿园应该制定并完善有关家庭参与的书面政策，这是保证幼儿园创设和家庭牢固的伙伴关系的第一步，也是家庭参与儿童的教育从理想变成现实的桥梁。幼儿教育机构如果能实施开放政策，那么家庭的参与就能促进幼儿教育机构的发展，幼儿园应该制定面向家长开放的政策，鼓励家长随时来访、参观、参与。需要从以下方面执行：

1. 提升幼教工作者的认识

园长、教师应以开放的思想和积极的心态，来对待面对家长开放的政策，相信这一政策的实施，必然会促进幼儿园和家庭友好关系的发展，增加与家长交往的时机，帮助家长理解幼儿园的特征和游戏活动的重要性。

2. 加强家长的主人翁意识

园长、教师可以通过"家长讲座""家长会""家园小报""家长园地"等多种渠道，向家长宣传幼儿园的开放政策，使家长认识到：他们也是幼儿园的主人，幼儿园也是他们的家；幼儿园和班级的大门始终向他们敞开，他们的来访和参观都是受欢迎的；他们的感受和见解对园长、对教师来讲都是非常重要的。

3. 实施向家长全方位开放

幼儿园在实施向家长全面开放的政策时，应该从实际情况出发，注意循序渐进。

(1) 从时间上逐步向家长全面开放。幼儿园应考虑儿童家庭的实际情况，从现在的每学期向家长开放一次，过渡到未来的每月向家长开放一次、每周向家长开放一次、每日都向家长开放，使家长能随时随地地入园。为了增加向家长开放的频率和次数，幼儿园既可以根据儿童家庭的具体特点，试行"家庭周、儿童周"，邀请特别的家庭成员来访；鼓励家长自选时间，自由来幼儿园观看孩子的活动。

(2) 从空间上逐步向家长全面开放。幼儿园应考虑房屋场地的实际情况，从现在只允许家长进入孩子的教室、餐厅等特定场所，过渡到未来还欢迎家长进入孩子的午睡室、图书室、操作室等各种场所，使家长能了解到幼儿园的每一个角落。为了扩展向家长开放的空间，便于家长准确进入，幼儿园应在入口处陈列园舍场所布局的平面图，并在每个场所的显眼位置做好各种标识和注意事项。

(3) 从内容上逐步向家长全面开放。幼儿园应考虑办学水平的实际情况，从现在只对家长开放教育教学活动，过渡到未来还对家长开放行政管理工作；从现在只对家长开放课程的实施活动、评价活动，过渡到未来还对家长开放课程的开发活动、设计活动，使家长能参与幼儿园的每一项工作。为了使家庭能有效地参与各方面的工作，幼儿园要对家长进行相应的培训，了解家长的体会，感谢家长的参与，使家长能融入到幼教队伍中来。

(4) 从权利上逐步向家长全面开放。幼儿园应考虑教师和家长关系的实际情况，从现在的通知家长来访参观时，家长才能来访参观，过渡到未来没有通知家长来访参观时，家长也能来访参观；从现在的家长必须预约后才能来访参观过渡到家长不需要预约就能直接来访参观，使家长不仅具有执行决定的权利，而且获得做出决定的权利。为了保护家长自主决定的积极性，应鼓励家长主动参与到各项活动中去。

(三) 组建志愿者队伍，借助家长力量

家长志愿者对幼儿园的发展具有帮助，对孩子的发展更是具有积极的促进作用，这主要体现在儿童的社会性发展上：有助于儿童掌握与成人交往的技能、学习的技能，了解家长的许多技能、才华、职业和贡献。

1. 征募家长志愿者

为了征募大量的家长志愿者，幼儿园可采取各种各样的形式来进行。首先，可通过家长手册、家园小报、家长园地、家长会、家长信息台、幼儿园网站等渠道，经常和家长保持联系，定期招募家长志愿者，并说明对家长志愿者的某些要求，使家长知道他们的时间和才能都是受幼儿园欢迎的。其次，可向家庭投寄一些"求助信"，临时招聘家长志愿者，并解说活动的时间、地点，使家长都能够及时填答反馈。最后，可给家庭寄去一些邀请函，个别招聘家长志愿者，并说明儿童都需要家长的帮助，并能从中获利，使家长的志愿意识转化为志愿行动。这样，幼儿园就把定期招聘和临时招聘、集体招聘和个别招聘有机结合起来，使具有不同教育背景、工作经验、知识能力、兴趣爱好的家长，都有机会走进志愿者队伍。

2. 培训家长志愿者

为了使家长志愿者能适合幼儿园的需求，真正成为教师的帮手，在给志愿者分配任务之前，应该对他们进行入门培训，培训的时间可以是一天或一周，培训的内容应该涉及幼儿园的各个方面，培训的方式可以是旁观活动或参与活动。

3. 引导家长志愿者

家长都想把最宝贵的东西献给儿童。如果给家长选择时机去志愿做事的话，那么大多数家长都会成为志愿者。因此，幼儿园在组织家长志愿者活动时，应该给家长提供各种选择的机会，以便家长自主决定。要启发家长根据自己的业余时间来志愿服务，要鼓励家长根据自己的兴趣爱好来志愿服务，要引导家长根据自己的职业经验来志愿服务。

4. 奖励家长志愿者

社会交换理论的这一观点启发幼儿园，要经常对家长志愿者的行为进行奖励，以强化家长持续不断地做事。首先，不仅应在家长志愿做事前对他们笑脸相迎，尊重他们的选择，而且还应该在他们做事后，给予他们积极的评价，感谢他们所做出的各种努力和帮助，使他们体会到自己的贡献是有意义的。其次，不仅可以通过口头夸奖，更可以通过书面形式嘉奖家长志愿者，如在家长园地上张贴感谢信，在家长会上颁发奖状和证书，感谢家长奉献出时间和才干，使他们体验到自己的才能是有价值的。孩子也会因为家长受到老师的嘉奖而特别开心，准备时刻帮助其他的小朋友。

（四）家园共育促进学前儿童社会性发展

1. 家园共育促进学前儿童社会认知发展

儿童观点采择能力的发展是儿童社会认知发展的核心体现。许多研究表明，儿童的观点采择能力与其智力的相关很低，但和社会生活经验密切相关。我们可以在家园共育的基础上培养儿童的观点采择能力。

（1）开展社会戏剧性游戏。社会戏剧性游戏是通过角色扮演方式进行的游戏。儿童必须从自己所扮演角色的观点（立场）出发，而不能从自己的观点出发考虑问题，这样可以发展从他人角度看问题的能力；随着扮演角色的增多，儿童所掌握的他人的观点也逐渐增多，从而促进其观点采择能力的提高。

（2）让儿童自己处理同伴间的冲突。儿童同伴间的冲突是很频繁的，从某种角度来看，这种冲突构成了儿童观点采择能力发展的契机。当冲突的发生是由于意见或者观点不一致时，由儿童自己去解决而不是由教师或者家长来干预，这对培养儿童的观点采择能力是很有帮助的。想要解决这个问题，就必须进行自我反省，重新考虑自己和他人的观点，使得观点变得协调，使争执平息下来。

（3）设置专门的训练课程。在幼儿园里，对幼儿进行观点采择能力培养一种比较好的方式，就是呈现假想故事或者两难故事让他们讨论，教师根据孩子的反应，判断他们的观点采择水平（阶段），然后进行示范，引导其得出正确的解决方法，这样示范、强化、示范，反复进行，逐渐提高观点采择的能力。在家里，要巩固幼儿园的教学成果，不能和幼儿园的观念相左。

（4）采取民主型的教育方式。长辈的教养方式对儿童观点采择、移情能力的发展有直接影响，因为儿童是根据长辈对自己行为的反应来推测其观点，并在此基础上调整自己的行为。长辈的教养方式有不同类型，其中理想的模式是民主型教养方式。只有采取这种方式，才能充分了解孩子的要求和兴趣，尊重其意见，与孩子平等交流，适度满足其要求，引导孩子独立作出自己的选择或决定。

（5）创造和谐的家庭气氛和幼儿园环境。融洽、和谐的家庭气氛有助于儿童与成人、儿童与儿童间的情感交流，从而促进儿童情感观点采择能力的发展。父母关系的融洽对儿童是非常重要的，经常在孩子面前争吵的父母往往使孩子感到人与人之间的观点（冲突）是不可调和的，或者根本不知道怎样去调和。兄弟姐妹之间的关系融洽，相亲相爱，能为儿童树立榜样，在考虑问题时以榜样作为参照，而不是从自己的角度出发。融花园、学园、乐园、家园于一体的和谐幼儿园环境，起到润物细无声的教育效果。营造和谐的幼儿园环境，使孩子们能安全、自由、平等、愉快地生活和学习在幼儿园这个儿童乐园里，只有在和谐的环境中，儿童的社会性才能得到健康的发展。

2. 家园共育促进学前儿童社会情感发展

（1）在活动中进行情感引导。在各领域活动中，以孩子日常生活中所接触到的现实问题为素材，以创设情境、再现生活的方式引导儿童去感受、体验父母、老师、同伴之爱的纯真，交流、探讨生活中的情感问题。

（2）以具体的形象感染人，激发孩子的道德情感。具体的道德情感总是与生动的事例相连，人物活动在情节中，形象鲜明、现实，容易引起孩子的道德情感体验。如影响人物的高大形象及其光辉事迹，具有强烈的感染力，能够引起人们心灵上的激荡，产生深刻、久远的印象，对孩子的道德情感产生深远的影响。

（3）母爱与父爱不可替代。母爱和父爱，既有共同点，又有不同之处。如能科学了解父爱与母爱各自的特点，对孩子的成长无疑是十分重要的，母爱和父爱都有一定的血缘关系，孩子是他们的爱情结晶，有着先天性的遗传因子，这对于父母和子女间建立特有的情感，具有天然的纽带作用，在生活照料上，母亲往往会超过父亲，而在人格影响上，父亲的一言一行常常会给孩子深刻的印象，父亲和母亲一样，都是儿童重要的依恋对象，在儿童早期社会性和情感发展中具有不可替代的作用。

3. 家园共育促进学前儿童社会行为发展

（1）移情训练。移情训练是一种旨在提高儿童体察他人的情绪、理解他人情感的能力，从而产生情感共鸣的训练方法。许多研究通过设计一系列移情训练程序，对儿童的亲社会行为进行干预研究，发现儿童的亲社会行为都有了明显的增加。部分研究者主张利用课程内容来对孩子进行移情训练，如在语言教学活动中可以通过情绪唤起、情绪追忆、情感换位的方法进行训练，进行社会活动时通过分析不同群体成员的社会地位和感受，进行角色扮演来体察他人的情绪情感，达到理解他人、学会与他人相处的技巧的目的；在课外活动中，教师应训练孩子对不同社会线索作出正确的解释和恰当反应的技能，学会与同伴建立和保持友谊。

（2）行为训练。成人可以通过强化来增加儿童的合作、分享、帮助等亲社会行为。儿童的亲社会行为不管是自觉的还是不自觉的，都需要得到群体的认可。一旦儿童出现利他行为，教师和家长要及时强化，使儿童得到积极的反馈，达到逐渐巩固的目的。我国心理学工作者的一个研究表明，精神鼓励在巩固儿童的谦让行为中具有不可低估的作用，能有效地促进儿童亲社会行为的发展，并在一定程度上抑制儿童的攻击性行为。

（3）组织集体性游戏活动。研究指出，儿童在游戏中可以获得很多与社交有关的技巧，从而发展对他人意图理解的技能，这种技能是亲社会行为的基础。集体性游戏，如集体跳绳和集体赛跑，能够为幼儿设立共同的目标认知，这样的活动是对同班群体的裁决，有利于合作、互助等亲社会行为的培养。

（4）榜样示范。儿童亲社会行为的学习和形成，主要是通过观察性的学习和模仿达到的。榜样在儿童亲社会行为的形成中占有相当重要的地位。儿童置身于社会之中，无论是周围的人们，还是电影、电视、小说中的主人公，都是儿童学习和模仿的对象。儿童具有很强的模仿性。儿童多次观看别人的亲社会行为，有助于培养自己的亲社会行为。父母是儿童直接模仿和学习的榜样。作为父母，只有言行一致才能培养儿童良好的社会行为。同时，父母有必要为儿童选择良好的榜样，如向儿童推荐一些优秀的课外读物、电影等。教师既是直接模仿的榜样，又是选择模仿榜样的控制者，因此教师必须时时刻刻注意自己在儿童面前的良好形象，和家长一道给孩子以正确的指引，在榜样示范时，榜样的特征应该与学习者的特征相似，榜样具有亲社会行为的能力应该是学习者可及的。此外，最好让儿童在观摩的基础上能有机会亲身实践，以巩固儿童的这种亲社会行为，并且更好地迁移到日常生活中去。

（5）组织集体性游戏活动。游戏是培养儿童亲社会行为最好的方法之一。游戏中儿童要进行交往，不肯谦让，交往游戏就不能继续进行。进行游戏要配合，合作的能力就得到了锻炼，大家一起游戏，玩具、物品就要共同分享。在游戏活动中，儿童起初会发生冲突或出现争执的情况，这时需要成人给予指导，启发他们想出各种解决问题的方法，并教育儿童学会谦让、合作、共享等良好行为。攻击性强的儿童往往缺乏解决交往问题的策略，不善于跟他人进行交往。这就需要向儿童提供一些正常交往的策略，从而改善人际关系，减少攻击性行为。家长要充分利用游戏这一手段让儿童反复练习、反复实践，使他们逐步形成自觉、稳固的亲社会行为。

第四节　现代学前教育专业导师制高素质人才培养模式

新时代学前教育专业导师制的重要意义主要有两个方面：第一，有利于扩大思想政治教育队伍。高校思想政治教育队伍主要包含两类：一类是班主任；另一类是专职德育老师，这两类老师从学生进校到离校都开展比较系统的理论教学，但无法深入地从专业角度进行指导。实行中职学前教育专业导师制，既可以从专业的角度指导学生，也可从思想政治教育的角度指导学生，如职业生涯规划、师德教育等。第二，有利于学生学业的有效指导。实行导师制，对于学前教育专业的学生而言，主干课程是学前教育学、学前心理学、学前卫生学、幼儿园教育活动指导、声乐、钢琴、舞蹈、美术、环境创设等，熟知本专业人才培养目标和知识、能力结构，有利于导师对学生的有效指导。

一、学前教育专业导师制高质量人才培养模式认知

学前教育专业培养的是幼儿园、早教培训机构、艺术培训机构的艺术教育工作者。它既带有教育性，又带有艺术性。这就要求学生必须掌握学前教育学、学前心理学等理论知识，又要具备声乐、钢琴、舞蹈、绘画等技能。另外，教师在课堂上不能较深入地指导每一个学生，采用导师制，以师父带徒弟的形式，能让学生的技能得到进一步的提升，同时

又能拉近老师与学生之间的关系。

  首先，导师必须拥有良好的师德和高尚的品德，有端正的人生观和价值观，有高度的爱心、耐心、责任心，了解学生，关爱学生，爱岗敬业，为人师表；其次，要有过硬的专业素质，具有丰富的教学经验，治学严谨；再次，熟知本专业的人才培养方案，明确人才培养目标。

  导师的工作内容有三点：第一，思想政治指导。导师要帮助学生树立正确的人生观和价值观，关注学生的思想和心理动态，及时进行引导。第二，对学生的学习进行指导。导师对所带学生的学习进行小组和个别辅导，尤其是艺术类课程更加需要老师进行一对一的指导。第三，职业生涯规划指导。帮助学生进行SWOT分析，了解自己，分析自己，对自己的学习生活进行规划，确定短期目标和长期目标，明确求职意向以及职业的发展。

  另外，导师制的组织形式与指导方式，由系部组成导师指导小组，某个领域的导师指导某个方向的学生，例如声乐方向由声乐专业或音乐教育专业毕业的老师担任导师，舞蹈方向由舞蹈专业毕业的老师担任导师，美术环创方向由美术专业或学前教育专业毕业的老师担任导师。指导的方式为后期进入，第一学年学生还没分方向，从第二学年开始，分方向，选导师，至此，导师从思想、生活、学业等方面全方位指导学生，直到第三学年的实习、就业。

二、学前教育专业导师制高质量人才培养模式的质量保证

  第一，加大宣传力度，提高对导师制的认可度。加大宣传力度，提高导师和学生对导师制的认可度。在入学教育的时候，系部对导师制进行统一讲解，在感性认识中开展导师与学生见面会，在会上，导师就自己的兴趣爱好、性格特点、教育背景、从教经历、擅长与研究领域等做一个全面的自我介绍，让学生对导师有一个初步的感性认识。

  第二，建立合理的监督、激励和评价机制。中职学前教育专业导师制的有效实施离不开质量评价体系。为了保证导师制的实施质量，一方面，要监督、评价导师的工作情况，如在一定时期内导师指导学生的任务完成量以及完成的质量如何；另一方面，要对学生进行监督、评价，在实施导师制后学生是否有进步。基于以上两点，学校可采取多元评价的方式，导师自评、学生评教、学校评估相结合，定期召开导师会议，会上进行经验交流，不断提高指导水平。对于评价优秀的导师，学校给予精神和物质奖励，建立完善的奖励机制。精神方面，每年举行优秀导师表彰大会，颁发荣誉证书，职位晋升和职称评定时同等条件下优先考虑；物质方面，对成绩突出的导师给予一定物质奖励，如适当的资金补贴、项目补贴等，让导师有更多的活动经费，可带领学生进行游学。

同时，对表现优秀的学生也要进行奖励，那些表现积极的，通过导师的指导在各种技能竞赛中获得较好成绩的学生，学校应给予精神上和物质上的奖励，有助于提高学生的积极性，从而达到良性循环的效果。

三、学前教育专业导师制高质量人才培养模式的效果检测

为整体了解导师制的实施情况，搜集相关概况性资料以进行整体分析，拟在实施导师制的学前教育专业各个班中开展问卷调查，发放并回收问卷，利用统计产品与服务解决方案软件（SPSS）对数据进行分析，进而得出导师制的实施效果与改进的思路。同时，为深入了解导师制在学生中的影响及导师制的实施情况、学生对导师制的看法及参加导师制的效果，拟对导师、学生及相关管理人员进行访谈。访谈提纲设计将结合研究者预设问题和问卷结果进行拟定，访谈结果将比照问卷的统计结果进行分析，保证调查的真实性和有效性。

总体而言，现代中职学前教育专业导师制高素质人才培养模式正处于探索阶段，在积极探索导师制高素质人才培养模式的同时，还要不断加强理论研究和经验总结，从而优化导师制人才培养模式。

第五节 以职业能力培养为导向的学前教育专业培养实践

下面以山东潍坊工程学院学前专业为例，对以职业能力培养为导向的学前教育专业进行探讨。潍坊工程职业学院学前教育专业是山东省高职院校特色专业。学院秉承"育爱心点亮智慧，铸能力成就未来"的理念，坚持走特色办学的教学改革之路，探索以职业能力培养为导向的学前教育专业实践教学模式。

一、方向——明确培养目标

学前教育专业是高等职业教育中一个以培养"高素质学前教育专业人才"为目的的专业，主要是培养高素质的幼儿园教师。它既具有高等职业教育的一般特点，又具有师范教育的特点。确定学前教育专业的培养目标，先要明确其培养对象将来的岗位工作特点。

（1）示范性。"身正为范"同样适用于幼儿教师，但对幼儿教师而言"学"高不一定就可为师。《幼儿园教育指导纲要（试行）》提出，幼儿园教育要避免"小学化"的倾向。幼儿教师的主要职责是为幼儿提供健康、丰富、多姿多彩的生活和活动环境，引导幼

儿在生活和活动中生动、活泼、主动地学习与成长，而不是向幼儿传授文化知识。在这样的环境和教育活动中，幼儿教师要为幼儿作出榜样，向儿童展现可供模仿和学习的言行，带领或引导幼儿发现和获得新经验。

（2）直观形象性。幼儿园教育教学要适应学前儿童的心理发展特点，无论是知识的学习，还是良好习惯的培养，都要考虑到内容的直观、形象，便于幼儿理解和学习。教师的教育活动应尽量直观、生动、具体、形象，用教师的肢体语言或形象化的方式引导幼儿学习，脱离幼儿的生活经验，像中小学教学那样的"常规教学"模式在幼儿园是违背幼儿教育规律的。

（3）趣味性。由于学前儿童心理发展不成熟，注意力集中的时间较短，他们主要凭兴趣学习和游戏，对感兴趣的事情比较投入。《幼儿园教育指导纲要（试行）》也强调，"幼儿园教育以游戏为基本活动形式"，要求教师能引导幼儿，从生活和游戏中感受事物的特点与规律，以增加教育教学活动的趣味性和艺术性。

（4）实践性。《幼儿园教育指导纲要（试行）》指出，"幼儿园的教育活动是教师以多种形式有目的、有计划地引导幼儿生动、活泼、主动活动的教育活动"，要让幼儿多参加实践活动，在做中学习，在做中玩，在做中成长，在快乐的童年生活中获得有益于身心发展的知识和经验。

（5）情感性。幼儿园必须把保证幼儿的生命安全和促进幼儿的身心健康成长放在工作的首位。幼儿老师每天大部分工作时间和幼儿在一起游戏、活动、学习、生活，教师的人格魅力、品行修养和学识每时每刻都在影响着幼儿，甚至影响到幼儿一生的发展。因此，幼儿教师要有一颗拳拳的慈爱之心，其工作带有明显的情感性和人文性。

幼儿教师岗位工作的特点，决定了他们不仅要具有较高的教育教学活动的设计和组织能力，还必须要有很好的专业基本功。因此，我们确定了学前教育专业的培养目标，培养具有教育、保育、保教反思能力，具备基础理论和专门知识，具有良好职业道德和敬业精神，掌握多项技能的高素质技能型幼儿教师。

二、前提——制定科学的人才培养方案

在认真调研校外实践基地幼儿园管理人员和一线教师意见和建议，广泛进行人才需求调查的基础上，潍坊工程职业学院细化了专业培养目标，确定了"专业理论课程、专业能力课程、专业素质课程并重，加强学生职业能力培养"的课程体系建设思路，形成了理论教学与实践教学协调统一、行业标准导向与职业资格证书准入配合、校内技能训练与校外顶岗实践相结合的学前教育专业人才培养方案。

培养方案中，细化了专业的培养目标，即"一种精神"，严格认真的敬业精神；"两种观念"，先进的学前教育理念、高尚的职业道德观念；"三种能力"，幼儿教育能力、保育能力和保教反思能力；"七项技能"，弹（琴）、唱（歌）、（跳）舞、讲（故事）、画（画）、做（手工）、编（儿歌、简单的幼儿舞蹈）等基本技能，形成"一生一专长"，引领职业成长。

在课程设置上，第一学年以专业理论课程为主，培养专业理念，奠定从事学前教育工作的理论基础；第二学年以专业能力课程为主，培养技能和特长，形成职业能力；第三学年以专业素质课程为主，综合能力训练、顶岗实践与就业实习紧密结合，拉近与职业岗位的距离，提高就业针对性。紧扣职业能力培养，不断修订和完善学前教育专业课程体系，增加方法、技能、专长和管理四个选修课程模块，优化课程结构，推进课程建设，强化特色意识。

三、关键——改革课堂教学

（一）课堂教学定位

强化职业能力培养，这是由学前教育的目标决定的。学前教育的目标是促进幼儿体、智、德、美全面和谐发展。《幼儿园教育指导纲要（试行）》明确规定，要培养幼儿活泼开朗的性格，勇敢坚强的意志特征。教育目标的具体落实，依赖于幼儿教师在"一日生活"中采用多种教育教学途径去完成。在教育活动中充分发挥各种专业技能，把枯燥乏味的知识形象化，教育教学活动趣味化，调动幼儿学习的兴趣，激发学习热情。因此，学前教育专业学生养成的职业能力不仅彰显其个性与特长，而且是他们完成教育教学任务必须具备的自身条件。

（二）课堂教学方法

探索岗位任务导向的教学模式，结合案例教学法、项目教学法、小组合作教学、情景模拟教学等，实施"个性化"教学。灵活运用多种教学方法，使抽象的理论问题形象化、具体化，把理论分析与实践应用相结合，基于岗位需求的学习，提高了学生的学习兴趣；将学生的被动接受学习，变为在教师指导下的自主、探究性学习，为学生个性特长形成、职业能力养成营造更加广阔的空间。

在能力训练中实践单项技能实训与综合训练相结合的教学模式。

单项技能实训是根据幼儿教师岗位工作所需的专业技能，在不同课程的教学过程中进行某一方面或某项基本技能的训练。

　　（1）口语表达技能。口语表达技能主要是用形象、趣味、儿童化的语言，以儿童喜爱的儿歌、故事等形式对幼儿开展教育活动，与正处于言语发展阶段的幼儿进行情感化、生活化的言语交流，达到沟通情感、思想，促进幼儿身心健康发展的目的。

　　（2）"写"和"画"的技能。"写"包括写字和写作，要求掌握规范化汉字、书写技能和常用文体的写作技能；"画"主要是儿童简笔画。作为一名幼儿教师，应能写一手漂亮的粉笔字和钢笔字，会画孩子们喜欢的图画，还要善于在各种教育素材中寻找优美的作品，与幼儿一同欣赏，塑造孩子的审美情趣，培养正确的审美观。

　　（3）唱歌、跳舞和弹琴技能。唱歌、跳舞和弹琴技能即幼儿园教育活动中最常用的律动、伴奏和唱歌。3—6岁的幼儿，正处于艺术能力形成的关键期，幼儿园的教育活动又是以游戏为主要形式，活动大都伴随着音乐旋律或教师的伴奏，所以唱歌、跳舞和弹琴应作为幼儿教师的主要专业技能，加大训练的力度。

　　（4）幼儿游戏的创编与组织技能。幼儿园的教育活动以游戏为主要形式，爱玩、好动又是幼儿的天性。所以，幼儿园教师要具有幼儿游戏的编排与组织能力，还要具备一定的幼儿游戏的创编和表演技能，引导和组织幼儿在"玩"中学习，在"玩"中成长，开发孩子的智力，培养孩子的能力。

　　（5）幼儿园玩教具制作、计算机操作技能。《幼儿园教育指导纲要（试行）》要求教师能根据本地、本园的条件开展教育活动，会利用各种材料制作深受幼儿喜爱的自制玩教具。同时，要能制作简单的幼儿园教学课件，具备一定的计算机文化基础和计算机操作能力。

　　（6）科学观察与探索技能。《幼儿园教育指导纲要（试行）》指出："幼儿教师要引导幼儿关注周围环境中的数、量、形、时间、空间关系，发现生活中的数学与科学。"幼儿教师要充分利用幼儿"好奇""好问"的天性，激发幼儿的认知兴趣和探究欲望，带领并指导幼儿对周围生活和环境进行感知、操作，发现问题，寻求答案，培养幼儿对科学的兴趣，开展幼儿科学启蒙教育。

　　（7）生活护理、卫生保健技能。《幼儿园教育指导纲要（试行）》要求："幼儿园必须把保护幼儿的生命和促进幼儿的健康放在工作的首位。"学前儿童年龄还小，身体、心理各方面发育都没有完全成熟，自我保护能力也较差，容易生病或受到伤害。为此，必须提高幼儿教师的健康意识，具备一定的生活护理和卫生保健能力，包括对幼儿常见及意外事故的急救与处理能力。

　　综合训练包括学习几门相关课程后组织的项目实训教学和第三学年的幼儿园顶岗实

践，它要求综合运用相关知识、技能，完成岗位基本技能训练，以提高某方面的能力或幼儿园岗位工作的能力。综合实训主要放在第五学期的综合能力训练模块和第三学年的幼儿园顶岗实习中进行。

（三）能力评价形式的多元化

考核、评价要改变传统的以理论评价为主导的方式，将理论考核与实践操作相结合，能力考核与优秀品质评价相结合；要改变传统的单一"教育评价"主体，将任课教师评价与实习单位指导教师评价相结合，学生自评与互评相结合；要改变以终结性评价为主要评价手段，将形成性评价与终结性评价相结合，笔试、口试、专业技能展示相结合，开卷、闭卷相结合，课堂教学和训练考核与课外技能训练和比赛相结合。评价形式的多样性，加大了实践考核的分量，既关注学生的学业成绩，又发现和发展学生多方面的潜能，帮助学生认识自我，建立自信，促进每一个学生在原有水平上的发展，发挥评价的教育功能。促进了教学改革进程，贴近了教育的目标，提高了教学质量。

四、落实——加强实践实训

近年来，潍坊工程职业学院探索并实践"一年级见习、二年级短期实习、三年级顶岗实习"的"三段式"实践实训模式，对接职业岗位，提高了学生的岗位适应能力。现场见习与课程教学相结合，感悟专业理念；短期实习，学以致用，印证所学专业课程，形成职业意识；顶岗实习与就业相结合，展示个性和特长，双向选择，提高就业质量。这是实践教学的最终落脚点，也是落实学前教育职业性的必由之路。

（一）现场见习：感悟专业理念

第一学年每学期见习一周，结合课程内容，安排具体、直观的主题活动，如环境布置、幼儿卫生保健、区角活动等，使学生感受学前教育，增强做一名幼儿教师的感性认识，明确职业目标和努力方向。

（二）短期实习：学以致用，激发内在学习动机

利用寒、暑假期和实践活动周，组织学生社会实践活动。学生带着学习的收获到幼儿园进行短期实习，观察、了解学前儿童生理、心理、言语等方面发生发展的现象、特征，学以致用，加深专业理解，从实践中发现自身问题和差距，为下一步的学习找到目标。短期实习有以下三种形式：

(1)"3+2"工学结合。"3+2"工学结合即每周前三天在学校学习，后两天到幼儿园实习。"3+2"工学结合在理论与实践的结合上找到了一个有效的"点"。正如学生总结的那样，"3+2"工学结合教会了我们执着、坚持、理解和珍惜。

(2)实践活动周。第二学年根据教学进度和实践教学要求，安排各班级学生到幼儿园轮流实训一周，作为实践活动周。学校为每组学生联系一所幼儿园，完成一周实习见习任务。学校确定专职指导教师和幼儿园指导教师，印制《学前教育专业学生实训手册》，制定实训守则、明确实训内容和要求。通过小组总结和讨论，提高学生对未来职业的认同感。

(3)寒、暑期打工实践。制定学生寒、暑假短期实习活动计划，编写学生《寒、暑期实践活动手册》，召开学生假期实习专题会议，把实践活动计划传达给每一位学生，使学生明确实习的意义和任务、达到的目标，实习工作的具体步骤，以及如何评价等要求，使打工实践活动具体化、可操作化。同时，对实习达成的目标进行指导，改变原来的学生作业内容空洞，缺乏实践过程体验的弊端，立足实习体验以观察报告、调研报告或实践体会、感悟与建议的形式完成实践活动报告或小论文。

(三)顶岗实习：铸就职业能力，搭建就业平台

学前教育专业的目标指向是幼儿园教育。第五学期开学后，对学生进行为期十周的专业实践能力综合训练，然后，安排学生到各地的实践基地进行顶岗实习。学生顶岗实习的岗位，可以学生及家长自主联系，可以到与学院签有协议的定向培养用人单位，也可以到学院的校外实践基地单位。三种方式学生自主选择，学校统一安排。目前，学院学前教育专业有80多家校外实践基地，遍布山东全省17个地市和深圳、北京、广州、天津、长春、沈阳等地。学院与这些机构本着"互利互惠，共同发展"的原则，建立起了长期合作关系，有计划地开展综合实践教学训练。

五、保证——建设专兼结合的教学团队

(1)加强师德建设与教师队伍的建设，引领青年教师成长。学院"名师"与骨干教师三级梯队评选每两年一届，优质课堂评选、微课教学比赛、多媒体教学课件比赛每年举办一次。通过这些活动，推广先进经验，把"以教风带学风，以学风促校风"为主要内容的师德建设落实到课堂，引领青年教师成长，促进其专业教学能力的不断提高。

(2)开展课程建设小组教研活动，提高教师的教育教学和研究水平。根据教师的专业方向和业务特长，组织教师每人相对集中地承担一个领域的教学研究任务，这是教师专业

成长的必由之路。学校建立多个课程建设小组，每个小组由3—5人组成，成员定期开展听课、评课、观摩教学等活动，相互学习，共同提高，推动课程建设，提高教师队伍的整体教学和教研水平。

（3）"请进来""走出去"，打造专兼结合的"双师型"专业教师团队。学院学前教育专业教师普遍缺乏幼儿园实践背景，因此，在实际的教学中将专业教学与幼儿教育实践相结合往往显得心有余而"力"不足。为此，学院从幼教实践基地聘请了部分教学或管理工作的骨干，作为我们的兼职教师，颁发兼职教师聘书，由他们承担部分专业课程的教学。我们要求所有的专任教师，在教学时间不冲突的情况下，与学生一起听课，观摩学习。同时，学院制定了专业教师定期到幼儿园调研、实践的制度，要求老师们每年的寒暑假期，都到附近幼儿园开展实践活动，或者轮流到幼儿园蹲点半年到一年，形成一种制度，全面参与幼儿园的教研、备课、教学（听课）活动，观摩幼儿园的管理。

参考文献

[1] 苏卫涛. 高职学前教育专业学生职业核心能力培养研究［M］. 长春：东北师范大学出版社，2016.

[2] 刘敏钰. 学前儿童科学教育［M］. 北京：科学出版社，2018.

[3] 朱凯利. 学前教育专业实训指导书（第2版）［M］. 西安：西北大学出版社，2019.

[4] 李慧. 学前教育专业学生创新实践能力培养的研究［J］. 创新创业理论研究与实践，2018，1（14）：11—13.

[5] 薛萍. 论幼儿园教师职前教学能力的培养策略［J］. 吕梁学院学报，2014，4（1）：65—67.

[6] 李静. 幼儿园教师健康教育胜任力现状及提升策略——基于北京市935名幼儿园教师的数据［J］. 教师发展研究，2021，5（1）：102—108.

[7] 魏园园. 学前教育本科专业对口单招生培养策略研究［J］. 教育观察（下半月），2017，6（6）：11—13.

[8] 赵萌，农丽婵. 浅谈学前教育专业学生手工应用能力的培养［J］. 美术教育研究，2020（12）：170—173.

[9] 冯国利，周东恩. 幼儿园教师"校园"双主体培养的实践探索——以大连职业技术学院学前教育专业为例［J］. 中国职业技术教育，2016（20）：38—41.

[10] 彭妹. 家园共育促进学前儿童社会性发展的研究［D］. 长沙：湖南师范大学，2014.

[11] 王来圣. 以职业能力培养为导向的高职学前教育专业的课堂教学与实践实训——以山东潍坊工程学院学前专业为例［J］. 职业教育（下旬），2014（6）：76—79.

[12] 柳阳辉. 学前教育学［M］. 郑州：郑州大学出版社，2012.

[13] 柳阳辉. 学前教育学教程［M］. 上海：复旦大学出版社，2015.

[14] 梁开璐.《幼儿园教育环境创设》课程育人研究与实践［J］. 科技风，2021（16）：

143—144.

[15] 何进军. 学前教育研究方法［M］. 广州：世界图书出版广东有限公司，2012.

[16] 曹中平，韦丹，蔡铭烨. 幼儿园游戏指导［M］. 北京：北京理工大学出版社，2018.

[17] 冯永刚，刘浩. 学前教育［M］. 济南：山东大学出版社，2009.

[18] 韩雪梅. 幼儿园游戏［M］. 哈尔滨：哈尔滨工业大学出版社，2019.

[19] 江晖. 浅谈学前儿童心理健康教育的策略［J］. 赤峰学院学报（自然科学版），2015，31（05）：131—133.

[20] 李贺，杨云舒. 学前教育史［M］. 北京：北京理工大学出版社，2019.

[21] 李韦鹃. 浅析学前儿童心理健康教育对幼儿学习的影响［J］. 科教导刊（中旬刊），2014（12）：213，237.

[22] 李晓巍，刘倩倩. 学前儿童家庭教育的社会支持：回顾与展望［J］. 河北师范大学学报（教育科学版），2021，23（1）：126—134.

[23] 梅纳新. 幼儿园教育实践活动指导［M］. 长春：东北师范大学出版社，2017.

[24] 彭茜. 幼儿园游戏化课程的理论与实践［M］. 广州：广东高等教育出版社，2018.

[25] 青海：推进学前教育发展［J］. 中国财政，2012（2）：28—28.

[26] 冉冉. 对学前教育环境创设课程实施模式的探讨［J］. 漯河职业技术学院学报，2019，18（6）：105—108.

[27] 申倩琳. 民办幼儿园教师专业素养水平现状及其影响因素研究［D］. 南充：西华师范大学，2019.

[28] 孙爱莲. 学前教育原理［M］. 兰州：甘肃文化出版社，2015.

[29] 孙平燕. 幼儿园环境设计与布置［M］. 西安：西北大学出版社，2017.

[30] 王萍，万超. 学前教育学［M］. 长春：东北师范大学出版社，2018.

[31] 王雯. 幼儿园班级管理［M］. 武汉：武汉大学出版社，2017.

[32] 王亚辉，卢云峰，王海燕. 学前教育政策法规［M］. 北京：北京理工大学出版社，2019.

[33] 王占花. 浅析幼儿园教育和家庭教育的有效结合［J］. 花炮科技与市场，2020（03）：260.

[34] 王子恩，张正贤. 幼儿园社会教育活动及设计［M］. 长春：东北师范大学出版社，2019.

[35] 魏中杰，王正翔. 学前教育科研方法［M］. 长春：东北师范大学出版社，2020.

[36] 夏婧. 幼儿园教师成长与发展指南［M］. 合肥：安徽教育出版社，2014.

[37] 许妮娜. 幼儿园社会教育活动指导 [M]. 北京：北京邮电大学出版社，2014.

[38] 颜铭锋，陈秉龙. 幼儿园环境创设 [M]. 北京：中央广播电视大学出版社，2016.

[39] 于娟. 幼儿园环境创设内容探析 [J]. 美与时代（上），2018（6）：73—74.

[40] 余丹. 增强学前儿童社会教育课程实践性效果研究 [J]. 教育教学论坛，2020（08）：37—38.

[41] 张宝臣. 学前教育科学研究方法 [M]. 上海：复旦大学出版社，2020.

[42] 赵光伟. 学前教育原理 [M]. 武汉：华中师范大学出版社，2017.

[43] 郑三元，邹巧玲，尹小晴. 学前教育学基础 [M]. 北京：北京理工大学出版社，2018.

[44] 郑莹莹. 幼儿园社会教育活动的价值及渗透 [J]. 科教导刊（上旬刊），2017（31）：157—158.